U1058703

超级彩图馆

RENYISHENG YAO QU DE 100 GE DIFANG

人一生要去的100个地方

1

黄澈/编

中国华侨出版社

图书在版编目（CIP）数据

人一生要去的100个地方：全4册 / 黄澈编. — 北京：中国华侨出版社，2012.8（2019.7重印）

ISBN 978-7-5113-2747-5

Ⅰ.①人… Ⅱ.①黄… Ⅲ.①旅游指南—世界 Ⅳ.①K919

中国版本图书馆CIP数据核字（2012）第177134号

人一生要去的100个地方（全4册）

编　　者：黄　澈
出 版 人：方　鸣
责任编辑：腾　森
封面设计：中英智业
图片提供：北京全景视觉网络科技有限公司
文字编辑：张　亦
美术编辑：玲　玲
经　　销：新华书店
开　　本：889毫米×1194毫米　1/10　总印张：45　总字数：480千字
印　　刷：北京德富泰印务有限公司
版　　次：2013年1月第1版　2019年7月第2次印刷
书　　号：ISBN 978-7-5113-2747-5
定　　价：198.00 元（全4册）

中国华侨出版社　北京市朝阳区静安里26号通成达大厦三层　邮编　100028
法律顾问：陈鹰律师事务所
发 行 部：（010）65934348　传　真：（010）88877396
网　　址：www.oveaschin.com
E-mail：oveaschin@sina.com
如发现印装质量问题，影响阅读，请与印刷厂联系调换。

前　言

FOREWORD

人是需要不断成长的，不单是阅历和知识上的成长，更是心灵和精神上的成长。托尔斯泰甚至略显严酷地说："人类被赋予一种工作，那就是精神的成长。"生活是人的实践场，用心而踏实的生活，其实可以给予我们全部。同时生活也需要一些盐分，旅行就是平淡生活中的调味剂。

培根曾说："对于年轻人，旅游是一种学习的方式；而对于成年人，旅游则构成一种经验。"去旅行，暂时摆脱都市的喧嚣，生活与工作中的压力，锻炼身体，愉悦心情，开阔胸怀，还可以在轻松而快乐的旅途中，顺其自然地获取知识和经验。

然而，人的一生是何其短暂，而世界又是多么广阔。有限的时间和物质限制，注定人不可能走遍世界。但是客观限制阻挡不了心灵的渴望。脚步不能到达的地方，心灵可以到达。本书就将带着你的心灵去旅行，翻开浸着油墨淡香的书页，透过会呼吸的文字与图片，虽然不是亲身前往，却也仿佛身临其境。

世界上很多地方都是人生旅途不可错过的，是值得每个人停下脚步用心灵欣赏、享受和感悟的。这些由自然、历史、人文沉积而成的地方，是人们向往已久的梦幻之地，是陶冶性情和生发梦想之地。为了集中实现这一普遍梦想，本丛书根据《美国国家地理》和《中国国家地理》等权威推荐，汇集编撰了中外最具有代表性的100处自然与文化景观。

为了方便读者阅读，全书根据内容分为四册，包括"神秘奇绝的大自然造化""欢愉忘忧的人间天堂""古代文明的斑驳遗痕""历史与现代的都市交响"等篇章，每个篇章下的各个景观又独立成篇，其中包括承载沧桑的历史名城、普度性灵的宗教圣地、伟大瑰丽的世界奇观、传承文明的精神家园、优美静谧的人间天堂……这些地方不仅仅风光旖旎，而且具有深厚的文化底蕴，由外到内的穿透力，足以震撼灵魂，抚慰心灵。

有些景观后面还穿插名人名家的游记随想，供读者欣赏名家碰撞出的思想火花，发出的由衷感慨和人生感悟。为了给读者提供更多实用的旅游资讯，还设置了“必去的理由”“适宜季节”“适宜人群”“旅游小贴示”“主要景点”等辅助栏目，帮助读者多角度地了解这100个地方的自然和人文魅力。生动流畅的语言、经典优美的彩图、新颖独到的版式等多种要素有机结合，使本书既可以作为畅游世界的“窗口”，也可以作为值得依赖的旅游指南。

看看不同的风景，听听不同的声音，感受不同的世界。从千里冰封、万里雪飘的雪域高原，到风吹草低见牛羊的茫茫草原；从小桥流水人家的江南水乡，到长河落日圆的孤烟大漠……想象午后从巴黎左岸的咖啡馆中溢出的咖啡香气；地中海岸圆月从帕特农神庙顶上升起；一对对有情人依偎在爱琴海洁白的沙滩上；洁白的悉尼歌剧院透出现代的幽谧和安然；珠穆朗玛之巅圣洁的雪山遗世独立；夏威夷海滩，随风摇曳的椰子树，逐浪起伏的冲浪板……所有神秘、浪漫、壮观、瑰丽的景观都凝聚在这里。

目 录

CONTENTS

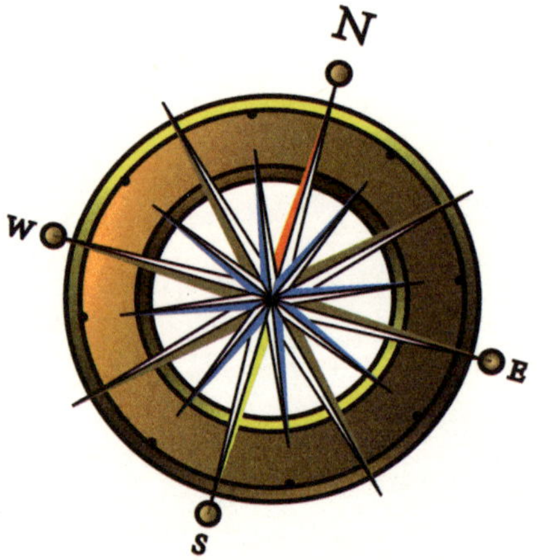
N
W
E
S

神秘奇绝的大自然造化

尼亚加拉大瀑布/长江三峡/天山天池/喀纳斯湖/黄河壶口瀑布/黄果树瀑布/桂林/阿尔卑斯山/加拿大落基山/稻城亚丁/科罗拉多大峡谷/长白山/黄山/泰山/华山/庐山/武夷山/神农架/珠穆朗玛峰/东非大草原/亚马孙丛林……

自然界的奇景
——尼亚加拉大瀑布

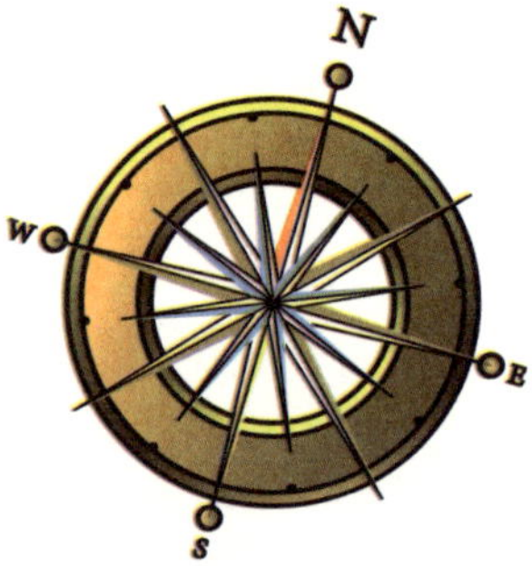

★必去理由 雷神之水、雾中少女、蜜月之都的三重诱惑

★适宜季节 5月~9月 ★适宜人群 情侣或者向往大自然、富有冒险精神的人

尼亚加拉大瀑布位于纽约州西北部，横跨美国和加拿大两国边境，是世界上著名的自然景观。它由两个主流汇合而成，一是美国境内的“美国瀑布”，一是介于美、加边境的“马蹄瀑布”。这两个瀑布奔腾交织在一起，从高达35~38米的峭壁上倾注而下，一泻千里。

尼亚加拉瀑布位于美、加边界连结伊利湖与安大略湖的尼亚加拉河上。据测算，伊利湖水以每分钟1400万升的流量由长56千米的尼亚加拉河流入安大略湖，东西水位落差99米，流程的一半处正是尼亚加拉瀑布所在地，形成了尼亚加拉大斜坡最著名的自然景观——尼亚加拉瀑布。尼亚加拉大斜坡是最后冰川期留下的遗迹，它绵延起伏，东部向下倾斜，形成多岩石的陡坡。

尼亚加拉瀑布以山羊岛为界，分属加拿大和美国，由三股飞瀑组成。其中，在河东美国一侧悬挂二瀑，落差55米，叫“彩虹瀑”和“月神瀑”。在河西加拿大一侧的飞瀑最为壮观，其状若马蹄，称“马蹄瀑”，是世界上最宽的瀑布，落差54米，瀑布下面的水潭深56米。马蹄瀑与前两瀑相距约二三百米，但看上去基本是“三位一体”的半弧形。据计算，三

⊙ 雄伟壮丽的尼亚加拉“马蹄瀑布”

股飞瀑总宽度为1160米，总的最大流量可达每秒6000立方米。

来到尼亚加拉瀑布处，人们可以从多个角度欣赏其壮丽的风采。那里有著名的“前景观望台”，巍峨耸立。如果想仰视大瀑布倾泻的景象，可以沿着山边崎岖小路，前往“风岩”，那就算站在大瀑布的脚下了。翘首仰望，便会看见大瀑布以磅礴气势、铺天盖地、飞流直下，不禁使人心里涌起一股激情，与大自然产生共鸣。游客在此必须穿上雨衣，否则飞珠落玉，衣衫尽湿。但是要看大瀑布正面全景，最理想的地方还是站在彩虹桥上。桥跨瀑布下游的尼亚加拉河，在桥上步行5分钟，便可从美国走到加拿大。

在大瀑布附近，还有一个规模较小，却享有盛名的瀑布，其名美丽动人，叫做“新娘面纱瀑布”，又叫“月光瀑布”。闻其名，便可想见它那流水潺潺、银花飞溅的迷人景色。同旁边蔚为壮观的瀑布相比，它显得别具一格，另有一番风韵。正如新娘的面纱，在微风中轻轻拂动；又似一片月光，柔和地洒在绝壁之上，令游客为之陶醉。

⊙气势磅礴的尼亚加拉大瀑布。

游客可以搭乘“雾中少女”号游览船穿梭于波涛汹涌的瀑布之间，到扑朔迷离的水雾之中去领略惊心动魄、涤荡尘嚣的感觉。微波荡漾的碧水渐渐波涛起伏。两岸礁石千姿百态，石壁上像有一层贝壳镶嵌。无数静伏的海鸥被浪花惊动后振翅飞起，它们有的贴近湖面翱翔，有的与缭绕的飞雾争高，有的与急浪搏击。

每年来尼亚加拉瀑布旅游的游客约400多万人，这就不难理解，靠着著名的维多利亚瀑布，附近建有维多利亚瀑布城；靠着这个尼亚加拉瀑布，加、美两国也均设有尼亚加拉瀑布城。而且，它们同被称为“蜜月之都”。这两座瀑布城的经济发展很快。

旅游小贴士

气候：加拿大四季分明，寒冷的冬季温度经常在零下十几度，外出时一定穿上厚大衣，穿好靴子，戴上帽子、手套。夏天温度则经常在30℃以上，这时短裤和T恤衫处处可见。

饮食：加拿大本地的传统菜系属于西餐类，有服务员服务的餐馆结账时应另付10%至15%的小费，并直接留给服务员或签卡。

住宿：旅客可选择多种不同的住宿方式，包括豪华酒店、普通酒店、汽车旅馆、家庭式度假村、猎场小住、钓鱼营房、农场或郊野度假屋等。

交通：加拿大交通十分方便，有公共汽车、电车、地铁等公共交通，高速公路四通八达，当乘坐游览车时，及时系缚好安全带，确保自身的安全，避免被警察罚款。在交通工具内一般不可吸烟。

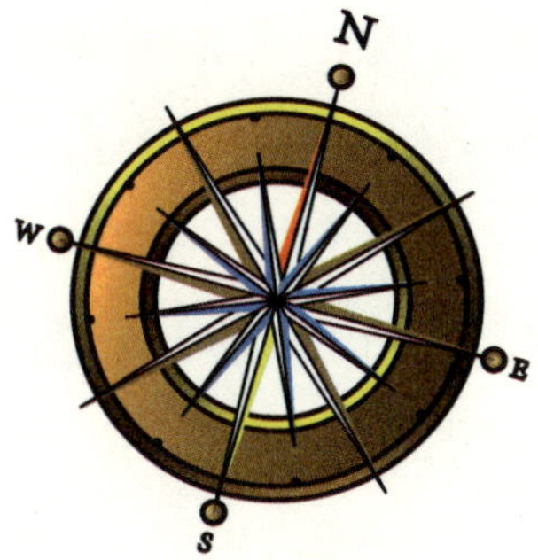

最美的画廊
——长江三峡

★必去理由 古老河流上的美丽画廊，飞跨两岸的雄伟大坝

★适宜季节 春夏两季 ★适宜人群 热爱自然山水的人

长江三峡，是自然景观与人文景观最完美的结合。从神龙峰的传说到屈原、昭君的故事，在人们面前展开了一幅民间文学的瑰丽长卷；在这里，您可以欣赏到绝妙的天然之作，更可以探究历史人文在这里留下的深深印痕，以及惹人遐想的美丽故事……

长江，中国的第一大河，从世界屋脊——青藏高原的沱沱河起步，纳百川千流，自西向东，横贯中国腹地，全长六千三百多千米。它满载四季浪歌，永不停息地直奔东海，在流经四川盆地的东缘时冲开崇山峻岭，夺路奔流，形成了举世无双的大峡谷——长江三峡。壮丽雄奇的长江三峡被誉为山水画廊，是国家级风景名胜区。

瞿塘峡

瞿塘峡（亦称夔峡）气势磅礴，险峰对峙，是三峡中最短的峡谷，但却“西控巴渝收万壑，东连荆楚压群山”。瞿塘峡号称“天下雄关”，峡中江流澎湃，涛声雷鸣。瞿塘峡特点是山势雄峻。两岸之山，

⊙ **瞿塘峡**

瞿塘峡两岸的山峰，陡峭如壁、拔地而起，把滔滔大江“逼”成一条细带，蜿蜒于深谷之中。

如斧削而成，有的峰高1500米。夹江峭壁，甚为逼仄，致使江宽不过百米，最窄处仅有几十米。其中，夔门山势尤为雄奇，因而有“夔门天下雄”五字镌于崖壁。山势之外，瞿塘水势亦“雄”，它“锁全川之水，扼巴蜀咽喉”，有诗称之“众水会涪万，瞿塘争一门”。江水至此，水急涛吼，蔚为大观。对瞿塘峡的山水之“雄”，清代诗人何明礼有一首诗写得至为贴切：“夔门通一线，怪石插流横。峰与天关接，舟从地窟行。”顺江而下，水流湍急，云天一线，船过其间，游客会有“峰与天关接，舟从地窟行”之感。

在北岸的绝壁上，有一条人工开凿的古栈道遗迹，头顶是悬崖欲坠，脚下是汹涌江涛，这就是古时船夫拉纤、军事运输和客商行贾的唯一通道。崖壁栈道上有清人所刻“开辟奇功、天梯津隶”八个大字。栈道旁是七道门深洞，峭壁岩石之间，有一天窗面对大江。登天窗而望，双峰插云，蓝天一线。向下俯视，江水奔腾，飞舟似箭。入洞观景，钟乳林立，如飞禽走兽，栩栩如生。

巫　峡

巫峡有大峡之称，以幽深秀丽而奇于天下。峡江两岸，青山不断，群峰如屏，船行峡中，时而大山当前，石塞疑无路；忽又峰回路转，云开别有天，宛如一条迂回曲折的画廊。

⊙ 巫峡

巫峡两岸群峰，以十二峰为奇。它们各具特色，尤以神女峰最为纤丽奇俏。像一串翠绿的宝石，镶嵌江畔。激流劈出的巫峡，深沉肃穆。濛濛烟雨，潺潺细流，飞虹流彩，把峡谷装扮得妩媚多姿！宋代诗人陆游诗云“十二巫山见九峰，船头彩翠满秋空”；“秀峰岂止十二座，更有零星百万峰”。十二峰之外，还有众多的险峰异壑，令人目不暇接。苍峡连彩霞，出峡复入峡。巫峡是三峡最连贯、最整齐的峡谷，分为东、西两段，西段由金盔银甲峡、箭穿峡组成，东段由铁棺峡、门扇峡组成。巫峡谷深狭长，日照时短，峡中湿气蒸郁不散，容易成云致雾，千姿万态，有的似飞马走龙，有的擦地蠕动，有的像瀑布一样垂挂绝壁，有时又聚成滔滔云纱，在阳光的照耀下，形成巫峡佛光，因而古人留下了“曾经沧海难为水，除却巫山不是云”的千古绝唱。

西陵峡

西陵峡是三峡中最长的一个峡，其特点是滩多水急。其中的泄滩、青滩、崆岭滩，为三峡著名的三大险滩。过去船行其间，险象环生，舟毁人亡，时有所闻。建立新中国后，航道经多年整治，大为改善；加之葛洲坝工程蓄水之后，回水百里，水位上升，险滩礁石沉入江底，不复为害。西陵峡中景观甚多。战国时期伟大的诗人屈原、西汉时和亲匈奴的美女王昭君，即诞生于西陵峡。因此唐代诗人杜甫过西陵峡时，曾有诗云："若道世无英俊才，此处何来屈原宅？若道巫山女粗丑，此处何有昭君村？" 船出西陵峡南津关，300里峡江航程即告结束，长江自此进入中游，视野豁然开阔，江流东去千里，两岸平野万顷，"极目楚天舒"，别有一番情趣。清代肖际远曾发出"此地江山接蜀楚，天钟神秀在西陵"的感叹！

主要景点

大溪文化遗址、昭君故里、石宝寨、黄陵庙、三峡大坝、兵书宝剑峡、大禹授书台、神女庙遗址、孔明石碑等。

旅游小贴士

乘船游三峡注意事项：

1.大三峡（瞿塘峡、巫峡、西陵峡）及其中的景点（如神女峰）均可在船上观看，不需要门票。

2.有的景点需要下船游览，包括张飞庙、石宝寨、小三峡、白帝城、屈原祠、神龙溪、三峡工程大坝、岳阳楼、荆州古城等（不同的游轮及上下水游览的景点不尽相同）。每到一个景点，您需要听船上广播和导游的忠告，记住游轮停靠的码头和游轮开航的时间，您必须在开航前返回游轮，切记。

3.上岸游览的景点几乎都需要步行上坡、上台阶，您需要穿轻便一些的鞋子。三峡雨水较多，需带上必备的雨具。

4.普通游轮上用餐很难令您满意，所以购买一些食品（如各种零食、酒类、矿泉水、方便食品等）上船是必要的，船上也有常用的食品和生活用品出售，但种类少而且价格较贵。

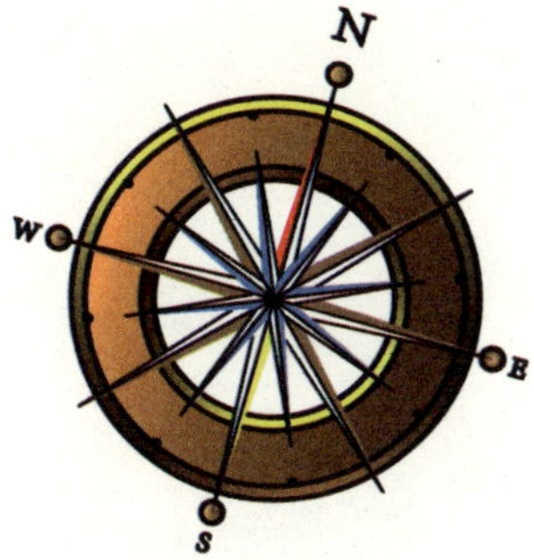

天山的精魂
——天山天池

★必去理由 群山环碧、雪峰倒影、苍松叠嶂、毡房点缀、羊群云游，天山第一胜景，瑶池不二仙境 ★适宜季节 夏秋季节 ★适宜人群 钟情于原始自然风景的人

到新疆来，如果没有去天池，那可以毫不夸张地说，是最大的遗憾。如果说天山是新疆赤裸着的脊梁，那么位于阜康县境内博格达峰下半山腰的天池，则是新疆跳动着的灵魂。因为有了它，在这片人迹罕至的天山深谷里，才呈现出剔透的灵气，好奇者疲惫的视线才能丈量出更多的边塞风光，心灵的深处才能感受到更加瑰丽的万千风情。

高山湖泊

天池是一个天然高山湖泊，海拔1980米，属冰碛湖。据地质工作者介绍：第四纪冰川以来，全球气候有多次剧烈冷暖运动。20万年前，地球第三次气候转冷，冰期来临，天池地区发育了颇为壮观的山谷冰川。冰川挟带着砾石，循山谷缓慢下移，强烈挫磨、刨蚀着冰床，对山谷进行挖掘、雕凿，形成了多种冰蚀地形，天池谷遂成为巨大的冰窖，其冰舌前端则因挤压、消融，融水下泄，所挟带的岩屑巨砾逐渐沉积下来，成为横拦谷地的冰碛巨垅。其后，气候转暖，冰川消退，这里便潴水成湖。它就是今日的天山天池。

⊙ 天山天池

从乌鲁木齐向东驱车90公里，就进入了山口，汽车沿着盘山路盘旋而上，路边时而悬崖峭壁，怪石嶙峋；时而幽林曲涧，花香鸟语。行至深山高谷，路右边突然闪现出一座方圆几十米、碧净玲珑的小圆池，池侧凌空飞挂着数丈高的一道瀑布，吐珠溅玉，这就是人们通称的“小天池”。再盘旋而上，穿过宽大的坎垅，天池赫然出现在眼前。

天池由三个湖面组成，东侧为东小天池，古名“黑龙潭”。潭下为百丈悬崖，瀑布飞流直下，恰似长虹依天而降，壮丽无比，真有“飞流直下三千尺，疑是银河落九天”的气势。传说这是西王母沐浴梳洗的地方，故又有“梳洗涧”“浴仙盆”之称。西侧为西小天池，西小天池形似铜盘，池水清澄幽邃，塔松环抱四周。相传西小天池为西王母洗脚处，故又称“玉女潭”。

天池的湖水晶莹剔透，明丽如镜，宛如少女的肌肤，又如柔滑的美玉。整个湖面呈半月形，长有3400米，最宽处约1500米，最深处约105米。湖的四周群山环抱，气势巍峨，挺拔的云杉、塔松满山遍岭。如遇皓月当空，天高云淡，清明无限，因而可以欣赏到“龙潭碧月”的美景。池侧飞挂的道道瀑布，如银河落地，使人产生“玉带银帘”的幻觉。池上有闻涛亭，登亭观瀑别有情趣。真可谓眼可见帘卷池涛，松翠水碧；耳可闻水击岩穿，声震裂谷。

天池风景区

天池风景区北起石门，南到雪线，西达马牙山，东至大东沟，总面积达160平方公里。立足高处，举目远望，整个景区融森林、草原、雪山和人文景观为一体。绿色海浪此起彼伏，一泓碧波半山高悬，宛如一只山岩巨手高高擎起的玉盏。沿岸苍松翠柏，怪石嶙峋，含烟蓄罩；环山绿草如茵，羊群游移；更有千年冰峰，银装素裹，神峻异常，整个湖光山色，美不胜收。若是天稍微暖和些，这里的雪就会慢慢消融，树叶呈现出墨绿色油亮亮的光泽。这是一种

⊙ **清华岩《天山积雪图》**

此图表现雪山寒驼之景，皑皑白雪覆盖着耸入云霄的天山，山下一红衣旅人手牵骆驼正缓缓行进于冰天雪地中。苍凉的天宇中，一只孤雁冲霄而过，脆鸣声声，引得旅人与骆驼同时驻足仰观。天空的清冷与天山的白雪令人望而生寒，而旅人披身大氅那火焰般的红艳与骆驼黄褐色的暖色调却给人以温暖之感，强烈的对比构成了深远的意境。

⊙ 天山天池

沉静又厚重的颜色。放眼看去，整个世界都是一片浓郁，苍翠无垠。湖那边的山色则显得淡了许多，如玉中的层层翠色，轻灵、温润，闪动着青春生动的眸子，让人爱慕不已。来到天池，时而如登仙境，时而如临幽阁，真有“瑶池仙境世绝殊，天上人间遍寻无”的感觉。古往今来，许多文人墨客为之挥毫泼墨，吟诗赋文。传说3000余年前穆天子曾在天池之畔与西王母欢筵对歌，留下了千古佳话。20世纪70年代初，郭沫若陪同西哈努克亲王至此一游，临湖吟出“一池浓墨沉砚底，万木长毫挺笔端”的佳章。

这里的物产也很丰富，雪线上生长着雪莲、雪鸡，松林里出没着狍子，遍地长着蘑菇，还有党参、黄芪、贝母等药材。山壑中有珍禽异兽，湖区中有鱼群水鸟，众峰之巅有现代冰川，群山之下埋藏着铜、铁、云母等多种矿物。环绕着天池的群山，还是资源丰富的“百宝山”。天池一带如此丰富的资源和奇特的自然景观，吸引着众多热衷于野外考察的生物、地质、地理工作者们。

来自心灵的感悟

在这里，人们可以纵情享受大自然的恩赐，可以结伴登高，穿密林，登山巅，俯视天池美景。也可以乘游艇，破波逐浪，品味塞外高原的“海上”风情。还可以到天池边的餐馆小憩，倚窗把酒，欣赏远山近水，亲身体会古往今来大诗人们的心有灵犀，倾吐你心中的醉意，激荡你心灵的浪花。每当皓月当空、夜色如水之际，呼吸着清新的山风和松针的醇香味道，耳闻松涛声声和原野的空寂，仿佛置身于蓬莱仙境。安宁、静谧，你的心情也会在这片温柔的床铺上静静地栖息，不再颠簸，不再动荡。再回眸那些蜗角虚名，发现竟已全然忘记自己的凡俗之身，这种感觉实在美妙极了。

天山与天池是相依相连的，中间并无距离。山和水澄碧互融，相映成趣，幻化成一片晶亮闪耀的琉璃世界。当地人都相信雪山和湖泊是有神灵的。倘若这片土地没有神灵，没有魂魄，又怎么能这样充满生命的气息，充满灵动的智慧以及鲜活的情感？即使闭上眼，仍能明确地感受到这是山、那是树，还有湖水和雪地，自然中的各种生灵有着不同的呼吸、不同的味道、不同的脉动和心跳。用心和情感去触摸万物，使你与世界息息相通，默契相连。其实这里的湖面并不很宽阔，也没有异常的洒脱大气，可它的躯体中仿佛跳动着无数精灵，闪烁着无数的鬼魅，让湖面上的空气中都弥漫着一种诱人的气息。这真是天地自然一幅完美又让人震撼的杰作。你能不惊叹天池是新疆跳动着的灵魂吗！

天池八景

龙潭碧月、顶天三石、定海神针、悬泉飞瀑、西山观松、海峰晨曦、石门一线、南山望雪。

跌落在阿尔泰山的天庭翡翠
——喀纳斯湖

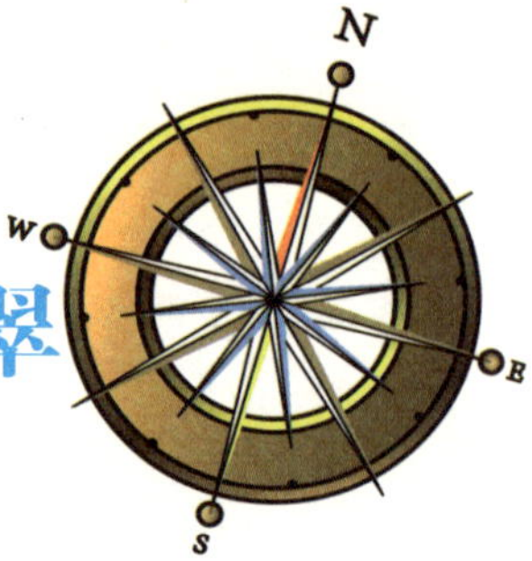

★必去理由 集奇山、秀水、佛光、神秘湖怪、岩画等奇景为一体

★适宜季节 夏秋季节 ★适宜人群 喜欢自然探秘的人

喀纳斯留给我印象最深的就是她的湖。那是一汪碧水，澄澈无比。那是一种纯粹的绿，不掺任何杂质，如翡翠一般，让人迷醉。她如同一颗情人的眼泪，散落在苍松翠柏间，静静地，毫无声息。

美丽的喀纳斯湖

喀纳斯湖位于新疆阿勒泰地区布尔津县境北部，坐落在阿尔泰深山密林中，属于高山湖泊。“喀纳斯”是蒙古语，意为“峡谷中的湖”，湖水来源于海拔四千多米的阿尔泰山主峰友谊峰。峰上长达十余公里的喀纳斯冰川，其融水流过丫形的阿克库勒湖，成为喀纳斯湖的主要补给水源。

喀纳斯湖美丽、神奇，尽人皆知。湖面碧波万顷，群峰倒影，每至秋季，层林尽染，景色如画。湛蓝碧绿的喀纳斯湖翻卷着白色的浪花，哗哗流淌，宛如一条活泼跃动的玉带，盘绕于峡谷之间。水边草地，山麓白桦，金黄与葱翠、墨绿杂糅，为这里的一切染上了一层明媚的色调。湖的四周雪峰耸峙、艳花彩蝶，湖光山色，美不胜收。山间点

⊙ 喀纳斯湖

缀着图瓦人的棕红色小木屋，或是哈萨克人白蒙古包似的毡房……这里的一切显得那么自然、和谐、静谧、神奇，到处都透着安宁、幽静，身临其境，仿佛什么烦恼都没有了。

还有一平如镜的卧龙湾、美丽静谧的月亮湾、河西浅水滩上的“脚印”……喀纳斯的美，让人惊异，让人流连忘返。

这样一方诗意而浪漫的天地，其实还是一个物种资源丰富且很独特的天然基因库，有许多神奇罕见的物种都在这里繁衍生长。这里是我国唯一的南西伯利亚区系动植物分布区，生长有西伯利亚区的落叶松、红松、云杉、冷杉等珍贵树种和众多的桦树林。许多种类的花木鸟兽，在新疆乃至全国都是绝无仅有的。

如果风光缺少人，那就称不上完美。喀纳斯没有让你失望，一路走过，你会看到蒙古族和哈萨克牧民骑着高头大马，“蹬蹬蹬”地跑过，骠悍威武，让人好生羡慕。你会看到一座座原木垒成的木屋组成的图瓦人村落。红脸膛的图瓦人，像喀纳斯湖一样充满神秘色彩，带给人一种古朴平和的气息。

湖怪、云海佛光、千米枯木长堤、图瓦人部落、羊背石……这方水土本来就格外地富有睿智和幽灵气息，区别于凡尘俗世之域，所以这些美妙奇特的生灵和景观才会在此驻足，在此安家繁衍。

⊙ 喀纳斯湖上的浅滩

喀纳斯“湖怪” 据当地人说，这是一种叫“哲罗鲑鱼”的大红鱼，最长的可达10米以上，非常珍贵。这种鱼之所以被称为“湖怪”，不只是因为它的大，还有它的凶猛——马匹、骆驼在湖畔饮水的时候，常会被它们拖入水中当了“点心”。

云海佛光 如果在大雨过后的清晨，登上喀拉开特山顶的观鱼亭观赏日出，就可见喀纳斯湖上空，云海翻腾，雾涛升空，有时还可看到峨眉山佛光那样的奇观出现。每当这时，观鱼亭和亭中之人，都会映照在光环之中。

千米枯木长堤 喀纳斯湖四周的枯树，经过风吹雨冲后就会漂入湖中，然后自动逆流而上，漂到湖的北端，并交错纵横地汇聚在那里，时间久了，就自然而然地垒起了一道千米枯木长堤。

图瓦人部落 在喀纳斯湖的南岸有一个蒙古民族乡，居住着一些信奉藏法佛教的蒙古族居民，说突厥语，以狩猎、放牧为生。他们是图瓦人的孑遗。

羊背石 喀纳斯湖是第二次大冰川时期的产物，是由巨大复合山谷冰川刨蚀而成的。湖东岸高大的陡崖旁的羊背石就是冰川活动造成喀纳斯湖的见证。长几十米的羊背石上布满了丁字形冰川擦痕和古代游牧民族的岩画、石刻。

其实，还应该加上一怪，那就是喀纳斯湖变色的湖水。晴天，湖水呈深蓝绿色；阴雨天呈暗灰绿色；夏季炎热的天气里湖水会变成微带蓝绿的乳白色。阳光暧昧，则湖水也多情，一片氤氲，一片凄迷，就像披纱曼舞的少女，你永远也不得见其真颜，反而引起众多的遐想，此时更能体会“犹抱琵琶半遮面”的妙处；天空放亮，湖面则一片金黄，高贵而神气；漫长的午后，湖水绛紫，娴静而优雅。喀纳斯湖就像一位风情万种的女郎，时而凄迷忧伤，时而天真无邪，时而又成熟优雅。此种风情，岂能不醉！

⊙ 喀纳斯湖的白天鹅

⊙ 深藏在阿尔泰山中的喀纳斯

小小一个湖，竟有这么多的神奇景观，真是融天地之神奇于一身了！

一天的光阴，就这样在一次次的惊喜和赞叹中过去了。夕阳的余晖镀亮了岸边金黄的树梢和巍然屹立的雪山，微风轻漾，湖面波纹迭起，湖光山色一片悠远宁静。喀纳斯的夜来得非常迟，晚上11点的时候夜幕才慢慢降临。美丽的喀纳斯湖就要坠入梦乡了。不知道这个温柔的美人在梦里会思恋着谁？

喀纳斯其他景观

布尔津县城：它是离喀纳斯最近的城镇，距离喀纳斯有120多公里。

白哈巴村：去往喀纳斯途中的一个山谷，谷中木屋错落有致，还有小溪叮咚流过。

卧龙湾：喀纳斯湖中一个长满了树和草的漂亮小岛，其形状酷似一条卧龙。

月亮湾：喀纳斯湖在这划了一道优美的弧线，犹如弯弯的月亮落入林木葱茏的峡谷中。

鸭泽湖：位于神仙湾旁一片小的芦苇浅滩，这里有很多的野鸭在水中嬉戏游玩。

壮丽与柔美的绝佳和声
——黄河壶口瀑布

★必去理由 世界第一条“黄色瀑布”，中国第二大瀑布

★适宜季节 四季皆宜　**★适宜人群** 热爱中国传统风土人情的人士

黄河壶口瀑布，我国第二大瀑布，位于山西省和陕西省的交界处，主瀑布宽40米，落差30多米，是镶嵌在九曲黄河之上的一颗璀璨的明珠，我国北方最富有特色的大型瀑布奇景。由于自然生态的原因，黄河水色黄浊，所以又被称为“世界第一条黄色瀑布”。但就是这种黄色，与周围的高原峡谷交相辉映，不但构成了一种再和谐自然不过的环境色彩，还为这奇绝壮观的壶口瀑布增添了几分诡谲迷离。

壶口瀑布

当汽车奔驰在盘旋的山路上的时候，遥看窗外一山连一山的翠绿，心中一直暗想：除了颠簸，黄土高坡的风光倒似江南。然而，当我们刚下到河滩时，那种感觉就再也没有了，不但翠绿变成了黄沙，那如雷如鼓如海啸如万炮齐鸣般的响声，也一阵紧接一阵地从河滩中央传来，这声势在江南可是难得一见的。

急不可待地穿过人工曲廊，跑过设计精巧的弓桥，黄河壶口瀑布便赫然呈现在眼前。

壶口瀑布是黄河在流经壶口地区时演绎出来的一个小小的插曲，绵延了数千里，宽度在好几百米左右的黄河，一到壶口，河面骤然间收缩为一束宽度约40米的水柱，直直地冲进一道狭窄的深不可测的石壕。此景真如壶注水一般。

然后，河水又带着无穷的力量从壶嘴中喷出，有如神来之手掂起一壶黄水，倾天而倒，一束束巨大的水柱从瀑布中直冲过来，击打在水面上、沿岸的岩石上。被激起的冲天巨浪咆哮着，翻滚着，一团团的黄雾朝上空涌动。

此时的黄河水，犹如惊涛骇浪转眼间从天而降，又像是千军万马突然间驰骋杀来，更像一头暴怒的雄狮，抖动着发亮的鬃毛跃下这高耸的石壁，它嘶叫着，狂跳着，颠动着，何等壮观啊！“涌来万岛排空势，卷作千雷震地声”，这一直涌动在心中的用来形容壶口瀑布的诗句，已经不足以形容眼前的壮美了。

其实，壶口瀑布并不是在任何时候都是狂放不羁的。冬季观瀑布，别有一番情趣。每年的冬春之际，壶口瀑布就会呈现出娇媚、温柔的一面。它还会善解人意地呈给人们另一奇观——“冰雕”。壶口瀑布“冰雕”并不比江南水乡的亭台水榭、小桥流水逊色多少。

那从上游沿河流下来的雪白晶莹的冰块在瀑布的上游越积越多，慢慢地就会形成一座座娇小可人的冰桥，而这时候的黄河之水全没了“天上来”的气势，而是静静地几乎不带任何声响地穿过冰缝。如遇一夜封冻，壶口瀑布的冰雕就更加难得。那些长长地坠下来的冰柱，那些仿佛正在岩石间冬眠的冰块远远地看过去就像是一个美妙的童话世界：有雪雕的房子和城堡，有洁净的长街、大道，说不定还有美丽的天使和白雪公主穿行其间呢！

黄河壶口瀑布每年都会以两种姿态出现在我们的眼前，一种是气吞万里河山的壮美，一种是融化冰封雪月的柔美，仅仅从这两点看，黄河壶口就是一个天然的美学大师！世间万物有什么还能集两种截然相反

⊙ 壮美的壶口瀑布

的美于一身，并把它们诠释得如此透彻呢?

壶口文化

“源出昆仑衍大流，玉关九转一壶收。双腾虬浅直冲斗，三鼓鲸鳞敢负舟。”这是明代的一位诗人在见到壶口瀑布时的由衷感叹。

黄河壶口瀑布古已闻名。《水经注》记载：“禹治水，壶口始。”明代诗人陈维藩的《壶口秋风》：“秋风卷起千层浪，晚日迎来万丈红。” 清人崔光笏的《壶口》：“禹功疏凿最先径，一线奔流若建瓴。石堑横分薄烟雾，天瓢倒海吼雷霆。” 更有一幅流传了几千年的楹联这样称赞壶口瀑布：“山吞残日暮，水夹断云流。”

近现代被壶口瀑布所感染的艺术家也不乏其人。我国现代著名诗人光未然当年带领抗日演出团途经黄河壶口瀑布时，一下子惊呆了。他由壮观的瀑布联想到千千万万正奋斗在抗日战场上的中华儿女，这勇猛无比的壶口瀑布不正是那抗日英豪的真实写照吗？他的感情喷薄而出，挥笔写下了著名诗篇《黄河颂》。《黄河颂》后又被著名作曲家冼星海谱曲，写成了《黄河大合唱》，一直传唱至今。

如今，壶口瀑布更以其深广的哲理内涵吸引着炎黄子孙，被视为中华民族自强不息、昂扬奋发的精神象征，称之为“民族魂”。

不少健儿还在此搏击洪流，创造了一个个奇迹：1987年，黄河漂流队探险队员王来安的“黄河第一漂”，揭开了人类在壶口体育探险的序幕；1996年8月，河南人冯九山横跨壶口的“华夏第一走”，创下了高空走钢缆最长的世界吉尼斯纪录；1997年6月1日，为迎接香港回归，柯受良的“世界第一飞”，创下了跨度最大的飞车世界纪录……

可见，围绕壶口瀑布为中心已经形成了一种浓浓的壶口文化。如果说黄河是中华民族的文化之根，那么壶口文化就是这根中之根，它沉淀得越久，就越具有震撼力和凝聚力。

主要景点

龙门：位于黄河上游，之所以叫龙门是因为此处的黄河两岸悬崖峭壁据说只有神龙可以跨越，龙门在历史上相当有名，著名诗人李白曾经这样赞美龙门：“黄河西来决昆仑，咆哮万里触龙门。”“禹门三级浪，平地一声雷。河水出龙门，河道即变宽”描述的也是龙门的壮观景象，还有我们常说的“鲤鱼跳龙门”“三十年河东，三十年河西”说的也是龙门附近的景象。此外，在龙门附近的悬崖上还有许多更值得一游的景观：千尺梯子崖、天险石门关、深渊石头城、玉女莲花洞、督工相工坪、云中艄公庙、抗日旗语台，等等。

雷霆万钧的亚洲第一瀑——黄果树瀑布

★必去理由 中国最大的瀑布，既有水量充沛、气韵万千的恢宏，又有柔细飘逸、楚楚动人的漫柔 ★适宜季节 5月～10月 ★适宜人群 所有的人

初到安顺，根本感觉不到一点点的瀑布气息。这个地处西南边陲的小市，第一感觉是到处洋溢着一种柔弱的气息。它就像一位闺中的秀女，尽管现代工业的发展已经惊扰了它的清梦，但它还是那么静，那么美。那柔弱的美，与你想象中的带着无穷力量的瀑布的壮美相差太多了。也许当你真正到了黄果树瀑布的面前，才能体会到：如果没有安顺的柔弱之美，黄果树瀑布的力量之美又怎能有如此强烈的感观刺激呢？

黄果树瀑布不仅仅是我国第一大瀑布，也是亚洲第一大瀑布，它坐落于我国贵州省安顺市境内的白水河和坝陵河附近，素有“天下奇景”之称。“一溪悬捣，万练飞空，溪上石如莲叶下覆，中剜三门，水由叶上漫顶而下，如鲛绡万幅，横罩门外，直下者不可以丈数计，捣珠崩玉，飞沫反涌，如烟雾腾空，势甚雄厉……”这是徐霞客对黄果树瀑布所作的描述，想来确切，但要想真正体会出黄果树瀑布作为“天下奇景”的风采，恐怕只有身临其境了。

黄果树大瀑布

要看黄果树瀑布，首先得穿过盆景园。这个“障碍”，给黄果树瀑布增添了一层“犹抱琵琶半遮面”的含蓄，因为沿途的山林、建筑等让人们在很长一段栈道上，对于瀑布都是只闻其声而不见其形。

瀑布一步步地近了，看到的不是被巨石分为若干条缕，如绸缎飘舞，如仙袂飘扬，如淑女浣纱的景象，而是浑然一体地漫天铺下。到了丰水期，水格外多，水色会变成浊黄，瀑布就有了撼天动地的气势。落差达74米、宽81米的水流，从断崖顶端凌空而下，直击犀牛潭，如巨龙搅海一般，发出震天巨响，激起数百米高的水沫烟雾。

⊙ 黄果树瀑布远景

"白水如棉不用弓弹花自散，虹霞似锦何须梭织天生成。"这是刻写在瀑布对岸观瀑亭上的一副对联，亲身感受过瀑布之后，才能真切地体会出这字里行间的贴切。

瀑布脚下的犀牛潭，潭水神秘幽深，再加上潜藏水底的神犀传说，让人浮想联翩，为大自然的造化之功而慨叹不已。

大瀑布群

造物主好像读懂了人的心思，在黄果树大瀑布的周围又创造了一系列形态各异的瀑布。以黄果树瀑布为中心形成了一个巨大的瀑布群。黄果树瀑布周围18千米内，有各式地上瀑布10余个，地下瀑布4个。

沿着黄果树瀑布上行1000米，就是著名的陡坡塘瀑布。如果说黄果树大瀑布是一个浑身都充满了生机和活力的年轻男子，那么陡坡塘瀑布就是一个饱经世事且年富力强的中年男人。它虽没有黄果树大瀑布那样的由天而下的气势，但却别有一种滋味，它那缓缓而下的流水像是正在向人述说着沉淀在它胸中很久很久的故事。

此外，还有号称"连天瀑布"的龙岩山多级瀑布、螺蛳滩瀑布、银链坠瀑布，这里简直就是一个瀑布的世界！

水帘洞

黄果树瀑布是因周边的黄桷树而得名的，是因它自身的秀美和气势磅礴而名声远扬的，也是因水帘洞才身价倍增的。

“水帘洞”全长134米，由6个洞窗、5个洞厅、3股洞泉和6个通道所组成。第一个洞窗位置最低，离犀牛潭水面仅40米，但洞窗却最为宽大，有十几米宽，位于第一、二个瀑布中间。丰水期两个瀑布自然连成水帘，将洞窗全部封住，枯水期水帘则次第拉开，从几米到十几米不等，俨然就是一副可以随意开合的“窗帘”。第二洞窗是水帘洞的心脏部分，长11米，高9米，宽3米，离第一洞窗有4米远。这是一个号称水晶宫的静谧世界，洞顶悬挂着麦秆状的钟乳石，钟乳石上是名贵的卷曲石，洞壁上悬着数不清的石幔、石帘。第三洞窗1米高，3米长，向外突出，外面围有护栏。游人伸手就可以摸到瀑布，这里又被称为“摸瀑台”。

在水帘洞里感受瀑布，是一种只可意会不可言传的感觉，因为站在水幕后面的人，已经不知道是应该惊叹大自然的鬼斧神工，还是该庆幸自己的多福了。

当地少数民族文化风俗关键词

跳花节、拜树节、布依族服饰、苗族刺绣织锦、安顺蜡染、苗族糍粑、布依族油团粑和灰粽粑、屯堡服饰、屯堡民居、屯堡地戏。

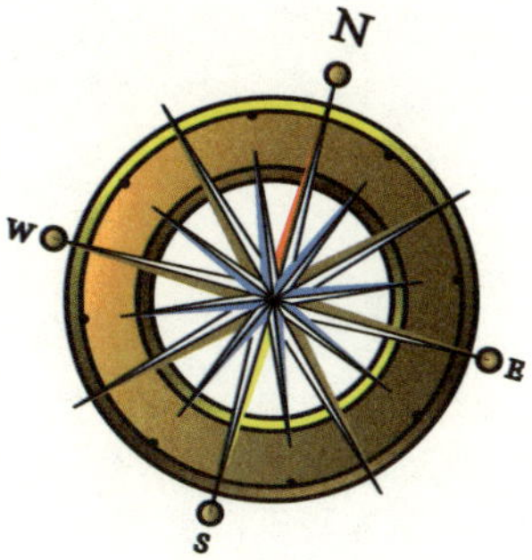

奇山奇水甲天下——桂林

★必去理由 气候温和，三冬少雪，四季常花，山水甲天下

★适宜季节 4月～10月 ★适宜人群 老少皆宜，向往山水奇秀者尤宜

桂林是一座以山水秀丽和古迹众多为主要特征的风景游览和历史文化名城，因“玉桂成林”而得名。每年农历八月秋风送爽的时节，正是桂花盛开、香飘四野的黄金旅游时节。而她的历史之悠久又可以追溯到公元前214年秦始皇统一岭南后设立的“桂林郡”。

桂林岩溶辖区内洞穴、石峰数以千计，大小湖塘数百个，其间河谷开阔平缓，山多平地拔起，峰林环布，漓江依山势流转，江中为洲，间有险滩、流泉、飞瀑，是桂林山水的精华之所在。这些特殊的地貌与景象万千的漓江及其周围美丽迷人的田园风光融为一体，形成了独具一格、驰名中外的“山青、水秀、洞奇、石美”的桂林山水，并有了“桂林山水甲天下”的美誉。

桂林旅游资源数量多、景区广、地域组合好，整个大桂林旅游区以桂林市为核心向四周辐射，呈圈层分布，方圆面积达2万多平方千米。根据景区特色，大致可划分为六大景区：即桂林—漓江—阳朔山水景区、兴安灵渠景区、猫儿山高山景区、龙胜花坪原始森林景区、海洋—高尚银杏林景区、青狮潭水库景区。

象鼻山

象鼻山又称象山，位于漓江与桃花江汇流处，山形酷似一头巨象伸长鼻临

⊙ 桂林山水甲天下

⊙ **秀丽的漓江风光**

漓江是桂林山水的精华之所在。

江汲水，因而得名。清代工部郎中舒书在《象山记》中说："粤西之奇以山，粤西之山之奇以石，而省城相对之象山，则又其奇之甚焉者。"象山的神奇，首先是形神毕似，其次是在鼻腿之间造就一轮临水皓月，构成"象山水月"奇景。

在象鼻山的象鼻和象腿之间有一洞名曰"水月洞"，又名朝阳洞。江水穿洞而过，山洞如明月浮水。与象山隔河相望的訾洲翠竹簇簇，果树葱笼，竹篱茅舍掩映其间。若是雨季，云蒸雾腾，村舍与绿树皆似披上一袭轻纱，古人称之为"訾洲烟雨"，将其列为桂林八大胜景之一。此时的巨象仿佛被赋予了生命，在烟雨中惟妙惟肖。象山的水月与隔江的穿山月岩相对，一悬于天，一浮于水，形成"漓江双月"的奇特景观。

漓　江

漓江山清水秀，是世界上规模最大、风景最美的岩溶山水游览区。桂林至阳朔段的漓江，沿途峰峦挺秀，碧水如镜，青山浮水，倒影翩翩，两岸景色迭出，如百里锦绣画廊。江中倒影连绵，水、山、岸相映成辉，融为一体，奇妙无比。

漓江之奇尤在山光水色之变。晨午不同，阴晴不同，仪态万千。

“画山”峭壁面江而立，壁上似有千军万马奔腾。兴坪古镇碧水湾湾，青山逶迤，景色如画。镇前有深潭，清澈而不见底。镇后山上有古榕，枝干参天，浓荫如盖。区内山石突起，或孤峰亭亭，或峰丛连绵。漓江及其支流，穿梭于石山峰林，山环水抱，秀丽无比。

桂林又是一座历史悠久的文化古城，自秦代开凿灵渠，沟通湘、漓二水之后，桂林变成为“南连海城，北达中原”的重镇。从汉至清乃至近代，历代都在这里留下了灿烂的文化遗产。文物古迹相当丰富，历代文人墨客赞美桂林山水的诗赋和佛教造像，遍布山壁岩洞，其中“桂海碑林”“西山摩崖石刻”等最为著名。自然景观与人文景观相协调，二者浑然一体，相互辉映。

桂林山水以它雄奇秀逸的风采，触动着每一个旅游者的心灵。古往今来，多少诗人用最美好的语言来赞颂它、讴歌它。唐代文学家韩愈描写桂林山水的名句“江作青罗带，山如碧玉簪”，既形象又生动。的确，桂林那千姿百态的山、清澈碧透的江水和幽深瑰丽的岩洞，都会在你的脑海里留下最美好的回忆。

⊙ 桂林日月双塔

永恒的奇山
——阿尔卑斯山

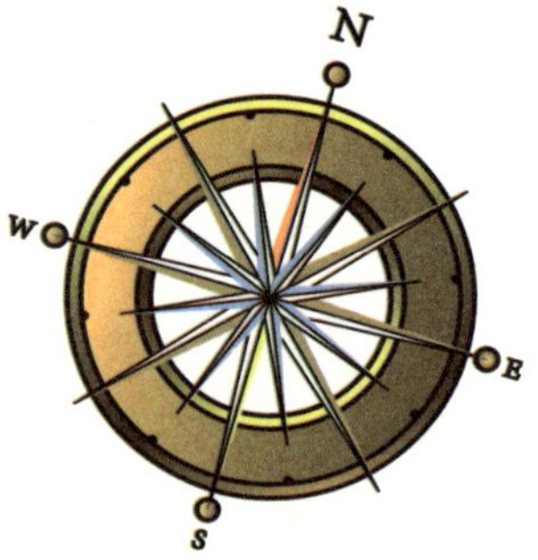

★必去理由 欧洲的屋脊，中南欧最美丽的地方

★适宜季节 四季皆宜 ★适宜人群 喜爱接近大自然的背包客

珠穆朗玛峰号称“世界屋脊”，而欧洲的屋脊当仁不让就是阿尔卑斯山了。它由法国地中海沿岸拔地而起，向东北方延伸，穿越意大利、奥地利和瑞士，直插德国南部。欧洲中南的几个大国都有它的身影。

提起阿尔卑斯，总让人想起那朵小而白、洁而亮的“雪绒花”，《音乐之声》中的那位女教师，带领孩子们放歌游乐的阿尔卑斯，就是一个繁花盛开、绿茵如云的人间仙境，那影像长久地根植于我的脑海中，挥之不去。

登山胜地

阿尔卑斯山是欧洲最高大、最雄伟的山脉，它的雄峻险拔，许多年来一直吸引着各国勇士，是世界登山运动的发源地。每年都有许多背包的探险者成群结队地来到山下，向这座大山发起进攻。

瑞士境内的少女峰，秀丽挺拔，就像它的名字一样，是最受欢迎的山峰之一。少女峰又名处女峰，据说山下的原住民以观测山顶的变化推断四季，当山顶迎来第一场雪时，山顶洁净无瑕，纯洁美丽有若处

⊙ **阿尔卑斯山**

阿尔卑斯山是世界上最年轻的山脉之一，也是欧洲最高大、最雄伟的山脉。

子，故而得名。不仅山势秀美，少女峰的引人之处还在于它独特的视角。少女峰的峰顶是欣赏欧洲冰河之最——Aletsch Glacier（阿莱奇冰河）的最佳地点。攀爬少女峰，不仅可以享受登山的乐趣，还可以领略冰河之壮美。怪不得一年四季登山者云集而至。如果不喜欢登山，也可以坐缆车一路观光。但如果不是徒步上山，那岂不辱没此等圣地了？

坐着缆车一路而上，举目皆是深深浅浅的绿色，绵延不绝的山峦间满眼扑来的都是目不暇接的五颜六色，漫山遍野童话般的花团锦簇，生动得让人呼吸停滞。远处的高山，山尖漫着白雪，在阳光下云蒸霞蔚，一片灿烂。绿荫中夹着一个不知名的小湖泊，平滑如镜，在阳光的照耀下跳跃地闪着光芒。一时间便迷醉，真有种什么都抛开、远离俗世喧嚣、静静在这个人间天堂中归去、简单生活的欲望。

痴情印痕

在巍峨壮观的阿尔卑斯山上，耸立着一座巨大的建筑，它依山傍水，远离尘嚣。壮观而萧索，美丽而落寞。它就是新石天鹅宫。

新石天鹅宫与著名的茜茜公主大有渊源，有着一段闻者心动的往事。它为巴伐利亚皇帝路德维希二世所建。据说，当路德维希二世还是王子的时候，就深深地爱上他的表妹茜茜公主。谁知世事难料，茜茜公主芳心他属，最后嫁给了奥地利皇帝弗朗兹·约瑟夫。路德维希于是郁郁终身，最后竟然耗费大量的人力、物力，在岩洞中建起了这样一个巨大的建筑，将他的苦闷和感伤凝固成永恒。这个巨大的建筑物就象征着他对茜茜公主的思念与爱慕。世界各国的人们来到这里，徜徉于山谷与溪流之余，也流连于这一段风流韵事，不免为这位如此痴情的皇帝扼腕叹息。

⊙ 秀丽而圣洁的阿尔卑斯风光

建筑物最高的一层是举行宫廷舞会的场所，空旷异常。但据说情场失意的路德维希一次也没有使用过，也许茜茜公主的离去真的就带走了他全部的乐趣。想象当年皇帝伫立在这个空旷的大厅里，所做的只能是回想当年第一次牵着心爱的人的手与她共舞的情景，那又是怎样一种心情？

山脚小镇

每次归来，都是夕阳落下的时候，零落的小屋开始冒出缕缕炊烟。虽是异乡人，但也有了一种回家的感觉。阿尔卑斯山脚的小镇，很少有游人提起，但是，也很少有人能够忘记。

夜色初上，小镇就笼罩在一片温暖的昏黄当中，让人回想起幼年时住过的小山村，想起木桌上那盏古旧的小灯，想起小灯前外婆那张饱经风霜的慈祥的脸。因为太过温暖了，每次回程，看到小镇的灯火时，总有一种遏制不住的流泪的冲动。

阿尔卑斯的小镇当然不是用油灯来照明的，不过鲜有破坏气氛的日光灯，总是温温润润的橘黄色灯光。镇上的建筑多是石头木料的，精致的小旅舍大堂犹如自家的客厅，没有一样奢华的东西，木料和格子棉布的大量使用让整个空间格外温馨。我记得她，她就在少女峰下，名字就叫做霞慕尼。

集自然之精华于一身
——加拿大落基山

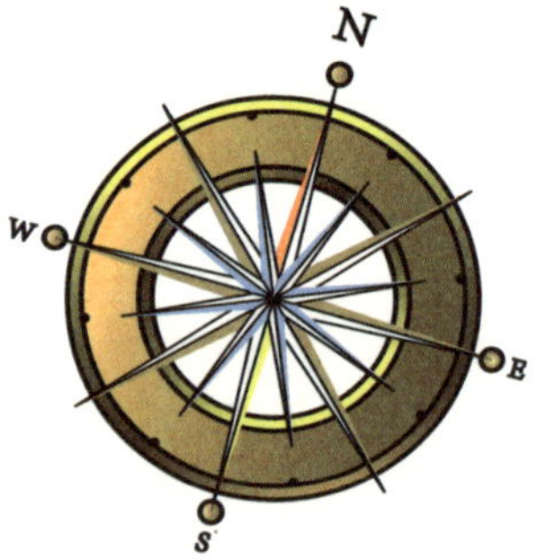

★必去理由 融合了大自然的精华，北美大地之瑰宝

★适宜季节 春秋季节 ★适宜人群 所有的人

世界上很多的名胜古迹都是以千年历史故事或充满人类智慧的建筑物取胜，难得有几个地方是纯粹以景色诱人的。而加拿大的落基山脉就恰恰属于这样的特例，它几乎集合了大自然的一切精华。群树和山巅的大气自不必说，难得的是，它的细节处也让人惊喜。

据记载，人类在落基山活动的历史可追溯至1.1万年前，当时的印第安人为了寻找衣食来源进驻落基山。18世纪中叶，皮毛交易将商业行为带进落基山地区，而随着加拿大横贯大陆铁路的修筑，这块在冰河覆盖下、处处都是绝美风景的山川大地才逐渐揭开了它神秘的面纱。

从温哥华到落基山需要8个小时的路程，沿途风光已经迷倒了我们这群第一次踏上加拿大的客人。

哥伦比亚冰原

哥伦比亚冰原是一个冰川的连锁系统，是落基山脉中最大的冰原，面积约500平方公里，最高段冰层厚度高达300多米，这些都是第二

次冰河时期的产物。

我们乘坐特制的巨型雪橇滑下冰原，速度不是太快，迎面扑来的风夹杂着丝丝的雪沫让人清凉无比，把夏日带给人的焦躁驱赶得无影无踪。滑到冰原底部，我回头望去，只见晶莹闪烁，白茫茫的一片，望不着边际。

在冰原上漫游，你会发现一条条冰缝，据当地人说：这些冰缝有30多米深，而且在哥伦比亚冰原上有无数条这样的冰缝。走在这样的冰原上，会不会充满恐惧呢？当然不会，有的只是激动、刺激的心情。如果你赶得巧，还会听到雷鸣般的声响，那是来自冰川上方的雪崩，游客应注意自身安全。一般小规模的雪崩不会影响游人的观赏。

鲍河瀑布和路易斯湖

一直以为只有庐山瀑布才会有“飞流直下三千尺”的壮观，没想到

⊙ 遥看落基山

班夫镇的鲍河瀑布也能给我这种感觉。鲍河瀑布是从幽长曲折的峡谷里流出来的，周围是郁郁葱葱的原始森林。整个瀑布虽不算陡，但水量很大，所以看起来也颇为壮观。但是，鲍河瀑布流入鲍河之后就变成了另一种模样。河水清澈见底，静幽迷人，这一动一静给人一种奇异的美感。

踩着岸边形态不一的圆石，我们来到了被称为落基山宝石的路易斯湖。路易斯湖是维多利亚冰川的产物，在遥远的过去，冰川覆盖着整个湖区，冰川消退时，这块陆地起到水坝的作用，将冰川的水贮存起来，就成了我们今天看到的这一湖泊。

⊙ 落基山国家公园里的羚羊

漫步在湖边的草地上，感受着湖面飘来的清风，看着粉绿的湖泊洁净如洗，真是心旷神怡。路易斯湖畔有三座高山，其中两座对称呈“V”字形，立于湖的南侧，另一座是终年覆盖着积雪的著名的维多利亚山。三山夹拥着粉绿色的路易斯湖，何其美也！驻足于这样的美景之中，哪还会记得都市生活的喧哗？

落基山的国家公园

在落基山，有4座紧临的国家公园，它们是班夫（Banff）、杰士伯（Jasper）、库提尼（Kootnay）和悠鹤（Yoho）。因为这4个国家公园除了具有壮丽景致外，还有全世界最丰富、最著名的化石床，所以，1985年这4座国家公园被联合国教科文组织列为世界性的人类宝贵遗迹。每年的5月至9月，世界各地的游客便会蜂拥而至。

⊙ 落基山国家公园的秀丽风光

由于时间问题，我们驱车去了离住处较近，位于阿尔伯塔省西南部的班夫国家公园。班夫国家公园在落基山的东麓，是加拿大第一个国家公园，著名的避暑胜地。公园内有冰峰、冰河、冰原、冰川湖和高山草原、温泉等景观，它们犹如一串串珍珠，把静静的群山点缀得生机勃勃。公园内的喀斯喀特山苍劲雄浑，棉絮般的白云飘荡于山间，如火山冒烟，缭绕冲天，给人一种从未有过的体验。站在峰顶的观望台上，凭栏远眺，周围景色尽收眼底，不自觉间好像达到了一种超凡脱俗的境界。

公园内还建有现代化旅馆、汽车旅馆、林中野营地和悬空索道等。每年入夏，附近的印第安人就会在班夫镇的艺术中心和博物馆搭起帐篷和舞台，穿上民族服装，向游客表演富有特色的民族歌舞。

目前，班夫国家公园已成为落基山最受欢迎的旅游胜地之一。

旅游小贴士

住宿：落基山脉的住宿，原则上在任何时间都必须要预先订位。如此可保证有地方住宿，亦可有较佳的选择。如果在九、十月淡季前往落基山脉旅游，可以玩到哪住到哪，不必事先预订住宿，只是在价格及方便性上较无选择。休闲农场、牧场在加拿大相当普遍，农场主通常都有几百亩至几千亩的草原，除了经营农场、牧场外，亦开放其房间给游客居住。

交通：加拿大的火车不像国内主要功能是通勤，其客运业务是以观光为主，因此票价比巴士、飞机都贵许多。若您希望搭乘火车观赏风景，请购买在日间行驶的车票，以避免在夜间既无法休息，又无法观赏。在机场租车的价格，要看城市而定。

餐饮：夏季时间在落基山脉旅游，部分汽车旅馆附有厨房，可以使用。另可模仿西方习惯，在野外搞烤肉等野炊活动。

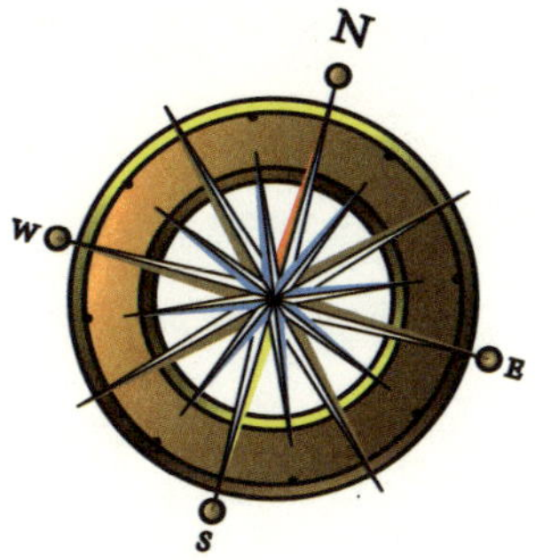

最后的香格里拉
——“稻城亚丁”

★必去理由 这里有最纯的生灵，有你能够想到的一切，也有你想象之外的一切。

★适宜季节 5月～10月 ★适宜人群 喜爱亲近大自然的都市人，体力强健者尤其适合。

稻城，古名“稻坝”。最早发现稻城的是美国一个叫约瑟夫·洛克的传教士。1928年，他从丽江出发，经四川木里县到达稻城，并把所拍到的照片发表在美国《国家地理》杂志上，引起巨大的轰动，但他当时并未发现他所到的是稻城，而一直认为是云南中甸。直到1996年，有关专家才确定洛克所到的“香格里拉”其实是稻城。这是一个颇富有诗情画意的雪域圣地。它留存着大地最古老的记忆和大自然最纯的生灵，它被时光遗忘，千万年来，默默地守护着自己。

最后的香格里拉

稻城亚丁指的是甘孜藏族自治州稻城县的亚丁风景区。

“亚丁”本是指印度洋沿岸的一个重要港口，古地理学者称它为“阿丹”，中国的古书《瀛涯胜览》、《星槎胜览》、《明史》中都有“阿丹”的记载，意为“快乐之地”。说的是游人在经过印度洋长途的航程，在精神上处于疲惫不堪的情况下，来到亚丁后得到休息，漫游名胜古迹，开展各种娱乐活动。另一种说法是，亚丁来源于波斯的“伊丁”，其意为“乐园”、“天堂”，是指稻城风景优美，佳景处处，犹如乐园、天堂一般。

地处高山峡谷之中的稻城亚丁，由于其独特的地质、地貌和气候条件，保留了中国目前所发现的最完整、最原始的高山自然生态系统之一，拥有世界上最美丽的高山峡谷风光，被誉为“最后的香格里拉”、“蓝色星球上的最后一片净土”。

这里的美景以雪山为主体，周围有大大小小一共三十多座陡峭的角峰，千姿百态，蔚为壮观。主体雪山之前是碧蓝如玉的湖泊和草甸，雪线以下的冰川直插入碧绿的原始森林。雪山、峭壁、陡崖、湖泊、冰川、草场、森林、溪流，一起营造出一片静谧、安详的世外之境。

神峰诱惑

亚丁方圆一千多平方公里，主体部分是三座完全隔开但又相距不远的雪峰。它们呈品字形排列，北峰仙乃日，意为观世音菩萨，海拔6032米；南峰央迈勇，意为文殊菩萨，海拔为5958米；东峰夏诺多吉，意为金刚手菩萨，海拔5958米。三峰统称“三怙雪山”，连在一起方圆约800平方公里，被藏族人民尊为神山，是世界上二十四圣地中的第十一位，参拜者络绎不绝。

仙乃日在三山中海拔最高，每年当地及外来的藏族民都要环绕雪山进行朝拜，名为“转山”。虔诚地藏族民用他们的身躯丈量着这条朝圣之路，乞盼着来世的幸福安康……

央迈勇在佛教中排在“三怙主雪山”之首。文殊菩萨在佛教中是智慧的化身，央迈勇雪峰就像文珠菩萨利用手中的智慧之剑直指苍穹，冰晶玉洁地傲然挺立于天地之间。神峰下由群山环绕着的宽阔峡谷间，森林、草地、溪流和睦地各守一方，一派气势莽莽。

夏诺多吉在“三怙主雪山”佛位第三，陡峻的雪峰为三棱锥状，

⊙ 亚丁牧场

威严地耸立在天地之间，象征在佛教中除暴安良的神。他勇猛而刚烈，神采奕奕，跨下围斑斓的虎皮，腰间绕着罪恶的大蟒，形似展开巨翅蓄势待飞的蝙蝠。构成夏诺多吉的岩石为层状大理岩，强大的地质营力将岩层直立，这也是夏诺多吉异峰突起、角峰尖锐的原因之一。雪峰之下为冰川裂解崩落形成的倒石堆，也叫高山流石滩，流石滩是生长雪莲的地方。再往下是高山灌丛和森林，贡嘎银沟位于雪山最底部。

稻城神峰的美，不在于它的苍劲雄奇，像珠穆朗玛峰；也不在于它的艰险诡秘，像梅里雪山；恰恰在于它独特的个性，浓郁的神秘色彩。每当雨雾朦胧，雪山神姿若隐若现，宛若天仙。而丽日晴天则碧空如洗，舒卷的云彩伸手可摘。仙乃日、央迈勇、夏诺多吉雪峰，峰峰各

⊙ 稻城亚丁

异，鼎立对峙，极具神韵。仙乃日似大佛，慈善安祥，温馨平和；央迈勇如少女，端庄娴静，冰清玉洁；夏诺多吉像少年，英俊刚烈，神采奕奕。三座雪峰就是三尊圣灵，在天空与大地间，在神界和人界，共守一方净土。

十月红草滩

红草滩是稻城亚丁的标志性风景，几乎每个到达稻城的人，都会为这个绝美奇特的景色而醉倒——殷红的草地，黄多绿少的白杨林在白云蓝天下，美得妖艳，美得多姿多彩。

⊙ 令人心驰神往的红草滩

红草滩位于稻城县城28千米以外的桑堆镇吉依村，吉依藏语意为“发展”。因为此地水草茂盛，土地肥沃，牧兴农丰而得名。吉依村地势平坦，河流纵横，形成大面积湿地。红草滩就是这里大大片湿地中的一块，其实面积并不大，不过足球场大小。这片滩地平日里长满看似普通的水草，大都疏密相间，像灌木枝扎根在水池中，水中及岸边可以看见零散分布着一些花岗岩质的冰川漂砾物。在这些日子里这里看不出来任何与众不同的地方，但是到了十月份，而且只有短短的十几天左右的时间，这里完全变成另外一幅景象。水中的水草仿佛在一夜之间被点燃，一团团、一簇簇的红草极为张扬地扑向水中，艳丽的深红把整片滩地映照得鲜亮刺眼，周围是古朴的藏式民居，茂密的杨树林泛着金色的光芒。这里红得娇艳，黄得雍容，绿得柔和，蓝得明亮，一切都浑然天成，和谐统一。

石头铺就的蛮荒

海子山位于稻城北部，平均海拔4500米，最高峰果银日则海拔为5020米，共有1145个大小海子。其规模密度在我国是独一无二的，故名海子山。

这些大大小小的海子，多为形态各异的蚀岩盆式的湖泊，四周散布着大大小小的花岗岩砾石，一眼望过去，没有树木，没有河流，就连野草也是稀罕少见，只有零星的少量分布，满眼的“蛮荒”，仿佛就是火星的表面。这些大大小小的砾石与湖泊就是青藏高原乃至世界规模最大、最典型的古冰帽遗迹——“稻城古冰帽”。

古冰帽也叫古冰盖，是第四纪冰期被冰川长期覆盖所留下来的遗迹。稻城古冰帽的形成主要得益于青藏高原的隆起，由于青藏高原的强烈隆升并达到临界高度，高原季风骤起，一举改变北半球的大气环流，大冰期形成，尽管第四纪冰期中青藏高原是否有大冰盖存在已经被科学

⊙ 四川稻城风光

家们否定，但并不排除在局部形成冰盖的可能。后来随着全球气温的回升和间冰期的到来，冰盖逐渐消融、冰川退后。我们看到的众多的古冰川遗迹便在冰期与间冰期的反复中逐渐形成的。

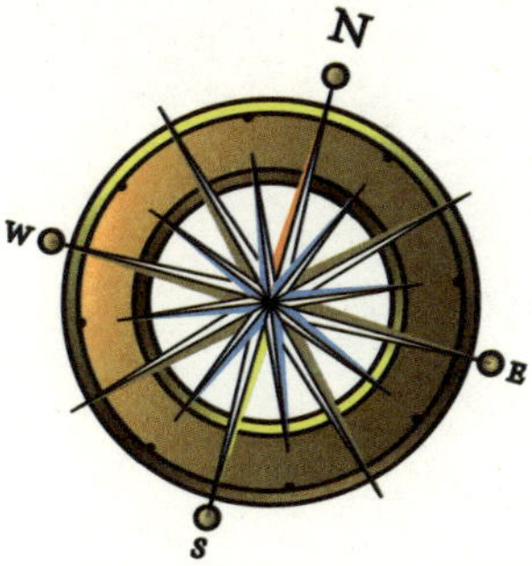

奇伟瑰丽的自然景观
——科罗拉多大峡谷

★必去理由 世界地质大博物馆

★适宜季节 7月～8月 ★适宜人群 热爱大自然奇景的旅行者

美国科罗拉多大峡谷，一片苍凉荒蛮、遗世孤立、未被现代文明侵染的土地，它位于美国亚利桑那州西北部的科罗拉多河中游、科罗拉多高原的西南部，是地球上风景最美的地区之一。

奇异的河——大峡谷

“科罗拉多”在西班牙语中意为“红河”，这是由于河中夹带大量泥沙，河水常显红色的缘故。科罗拉多河长期冲刷两岸的泥土，不分昼夜地向前奔流，在主流与支流的上游就已刻凿出黑峡谷、峡谷地、格伦峡谷、布鲁斯峡谷等19个峡谷，而最后流经亚利桑那州多岩的凯巴布高原时，更出现惊人之笔，形成了这个大峡谷奇观，而成为这条水系所有峡谷中的“峡谷之王”。

科罗拉多大峡谷的形状极不规则，大致呈东西走向，总长446千米，蜿蜒曲折，像一条桀骜不驯的巨蟒，匍匐于凯巴布高原之上。它的宽度在6～25千米之间，峡谷两岸北高南低，平均谷深1600米，谷底宽度762米。从谷底至顶部岩壁露出从前寒武纪到新生代各期的系列岩

⊙ **科罗拉多大峡谷的奇特地貌**

科罗拉多大峡谷的形状极不规则，大约为东西走向，其蜿蜒曲折的地貌仿佛一条巨蟒。

系，水平层次清晰，岩层色调各异，并含有各地质时期代表性的生物化石，故有"活的地质史教科书"之称。1903年，当时的美国总统西奥多·罗斯福来此游览时，曾感叹地说："大峡谷使我充满了敬畏，它无可比拟，无法形容，在这辽阔的世界上，绝无仅有。"

更为奇异的是，这里的土壤虽然大都是褐色，但峡谷的颜色，却因两壁岩石的种类、风化的程度、时间的演变，以及所含矿物质的各异，而各有不同。铁矿石在阳光照射下，呈现五彩，其他氧化物则产生各种暗淡的色调，石英岩又会显出白色。因此，显得一块块鲜红，一方方深褐，一团团黝黑，一片片铁灰，不同色块相互交错，大地像一块巨大的五彩斑斓的调色板。晨曦初上，或夕阳满山时，峡谷中零星散布的绿色植物，夹杂着袅袅升起的薄雾，更显得如梦如幻，美不胜收。

地球的边缘

峡谷深处静寂无声，很少听见河水的咆哮声或高原上三角叶杨树发出鼓掌般的噼啪声。因为这一切声音都在这深渊的空间被吞没了。

它让人禁不住地低声细语，这种寂静不是死一般的沉寂，相反，它是万物存在的宁静。它就像一曲伟大的乐章。人类创作的乐章总有终止的时候，而大峡谷则是永远回荡不止的和音。

⊙ 科罗拉多大峡谷里骑马前行的游客

也许，大峡谷最引人注目的风貌特色是“红墙”石灰石悬崖，它耸立在裂口正当中，几乎是垂直的。它的平均高度为550英尺——几乎和华盛顿纪念碑一样高。虽然它实际上是灰蓝色的石灰石，但是从岩石里渗出的铁盐却把悬崖表面染上了晚霞般的色彩。在“红墙”的上方，是红色的沙岩和1000英尺厚的页岩交替层，然后是浅蓝色的沙岩层，最上层是淡黄色的石灰石。现在，每天来大峡谷南缘观光的游客大概有1.8万名，其中有的会乘坐小型电动机车沿着“光明天使小道”来到谷底，穿过波涛汹涌的河道上方的吊桥，然后到达北缘。尽管南北两缘面对面相隔只有12英里，可是坐车从一边到另一边的距离却是214

英里。北缘只能在夏天参观，它比南缘高出1200英尺左右，除了7、8月外，其他大部分时间都为冰雪覆盖。

这个山谷里有很多巨岩，每一块岩石都有一个名字，最早画这个地区地图的人，是一位东方学的爱好者，所以他把这儿每块巨岩，都用一个东方神的名字来命名。从观景台上望去，一个很高的小山像一个小神庙，那是献给佛陀的，叫佛陀岩；在中间的，是献给埃及神的伊西斯岩；还有献给印度教的湿婆岩；而它旁边那个白色的小而尖的岩石是给孔夫子的。现在大峡谷每年差不多接待500万游客，其中40%都是国外游客，差不多每个外国游客都可以在这儿找到本国文化的痕迹，大峡谷是属于全世界的。

大峡谷是一道超凡脱俗的风景。难怪一位美国作家说："我来这里时还是个无神论者，离开时已是个虔诚的信徒了！"

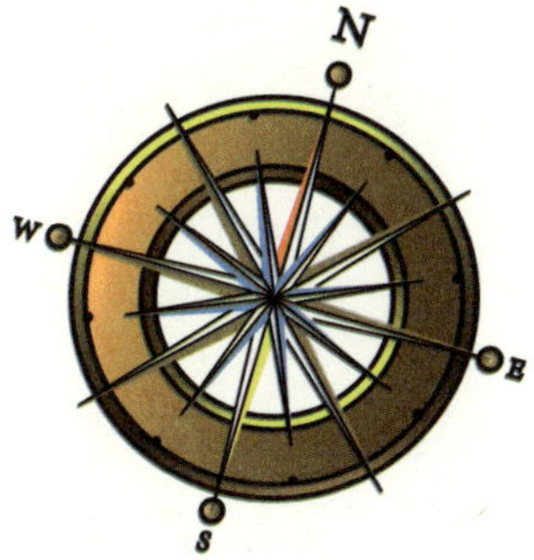

宝山雪峰，造化独钟
——长白山

★必去理由 造化神奇的东北第一山，有着一望无际的原始森林，群峰环抱的高山湖泊，气势磅礴的瀑布群，独特奇异的火山地貌 ★适宜季节 秋季 ★适宜人群 热爱大自然的登山人士

一想到长白山，你可能就会联想到那满山的积雪、遍野的松柏、雄伟壮阔的群峰。长白山以“东北第一山”朴质的自然美吸引着人们，以其绮丽雄浑的风光为人们所神往。

长白山因常年积存着皑皑白雪而得名。它坐落于中朝两国的接壤处，是中朝两国的界山，也是松花江、图们江、鸭绿江的发源地，有“山高水长”之誉。不过，长白山并不是自古就叫这个名字，在周秦以

⊙ **长白山图卷（局部）**

王时敏的长卷山水画较为少见，此图系作者中年所绘山水长卷，画面重山复水，此起彼伏，连绵不断，山涧茂林烟树，飞瀑流泉。山脚平溪小桥，全无人迹，数座房舍，隐现于树林之中，意境疏简幽静。

前它被称为“不咸山”，汉代称“单单大岭”，北魏称“徒太山”“太皇山”，唐称“太白山”，到金代时才开始称“长白山”，并沿用至今。当地人又称“长白山”为“老白山”“白山”。由此可见，长白山是历代人们关注的对象。

长白山为中国八大名山之一，中国东北地区最高山系，欧亚大陆北半山地生态系统的典型代表，国家级自然保护区，已被列为联合国生物保护圈。长白山本是一座休眠火山，据记载，自1597年以来它曾喷发过3次。如果你站在长白山顶，一定会幻想出火山喷发时那雄壮瑰丽的场面：红红的火山岩浆向外翻涌，甚至喷出数丈之高，热气飘出数里，那场面我们只能在电影或文献中领略了。

长白山景观多样，物种丰富，从熔岩台地到火山锥体，自然景观垂直分布。主峰白云峰海拔2691米，是东北地区第一高峰，站在上面虽不能“一览众山小”，但也能把四处风景尽收眼底。“林海、天池、瀑布、温泉”为长白山著名的四大景观，如果到了长白山，不过过林海，看看天池，望望瀑布，泡泡温泉，那就等于虚枉此行。

长白林海

长白山根据海拔的不同，有针阔混交林带、针叶林带、岳桦林带、高山苔原带以及2400米以上的高山寒漠景观。这一片林海，远远望去，就像蜿蜒起伏、绿浪翻滚的海洋，苍茫无际。连绵起伏的群山，被浩瀚林海覆盖，就像披着战甲的战士英姿勃发。雄伟高大的红松、树冠似塔的落叶松、枝丫繁茂的紫松在长白山随处可见；质地坚硬的水曲柳、秀丽的白桦更是举目皆是。长白山上还有被誉为“美人松”的赤松，亭亭玉立，针叶苍翠，婀娜多姿的树冠在微风中摇曳起舞，分外妩媚。站在笔直挺拔的云杉底下，手抚树干，抬头仰望，只见巨树直插云天，似要把天捅破，不禁让人有一种眩晕的感觉。

海拔2000米以上的高山苔原带，如一张天然的大地毯铺于长白山上。高山苔原带是由小灌木、多年生草本、地衣苔藓构成，五彩缤纷的野花、黄色的高山罂粟、紫色的长白棘豆、粉红色的瑞多杜鹃、白色的仙女木等，像是在这张地毯上舞蹈的精灵，装点着长白山。

夏季是长白山的黄金季节，走进“长白林海”，倚在古树脚下，夏日的酷热很快就会离你远去。如果再美美地睡上一觉，那感觉甭提有多美了。

长白天池

登上山顶，就会看到长白山天池了，它是我国最大最深的火山湖，松花江、鸭绿江和图们江的水就是从这里流出的。

天池是长白山的象征，它如一颗流光溢彩的大明珠镶嵌在长白山顶。天池被巍峨陡峻的长白十六峰环抱着，从峰顶俯瞰天池，湖面平静晶莹，如在群峰之中镶嵌了一块硕大的蓝宝石。蓝天、白云、群峰倒映水中，把周围景物衬托得更加壮观。天池以石为底，内壁是白色的浮石和粗面岩组成的悬岩峭壁，就像是一樽水晶巨碗，而碗里盛的却是满满的琼浆玉液，在太阳底下闪闪发光。

与天山天池一样，前人对长白山天池的赞美之词也颇多。“一泓天池水，层峦叠嶂峰。苍穹云袅娜，飞来万道虹”，“周回八十里，峭壁立池边。水满疑无地，云低别有天。江山宜漫画，鹿逐结前缘。预卜携书隐，遨游慰晚年”，这些都是对天池湖光山色的生动写照。

口里念着这些诗句，行走在天池之畔，看着深幽、宁静的湖水，呼吸着纯净、湿润的空气，感觉着沁人心脾的凉意，就如同身处人间仙境一般。

长白瀑布

天池周围峭壁百丈，只有北侧龙门峰与天豁峰之间有一断裂缺

⊙ **长白山天池**

天池是长白山著名的四大景观之一，也是长白山的象征。

口，人们叫这一缺口为“闼门”。天池的水从这里源源外流，流出一条清澈湍急的小河——乘槎河。“乘槎”在神话传说中常有出现，取乘木排上天之意。乘槎河在流经约1200米后在断壁处以雷霆万钧之势飞流直下，这就是著名的长白瀑布。

长白瀑布由三道主瀑流组成，形似一个“川”字。这三道瀑布有的如银河倒倾，波涛滚滚；有的如白练悬天，凌空而下。未见飞瀑则会

先闻其声。待到走近瀑布时，你会备感清凉，因为这里时而细雨霏霏，水雾缭绕，时而珠飞玉溅，湿透你的衣襟，更甚者会让你淋个瀑布浴，好不惬意。仰望瀑布，气势更加磅礴。弥漫的水雾在阳光下化作了条条彩虹，与高处飞下的白练交相辉映，好一处天然胜景啊。

在冬季，长白瀑布会静寂得像个虔诚的教徒，在寂静的山谷中飘然落下，下面凝结了像水晶一样的冰山，虽不及湍急的瀑布壮观，但却更能给人一种独特的北国风光的美丽。

走累了，就去天池北侧的温泉泡个澡。这里的温泉中含有多种矿物质和微量元素，对治疗胃病、关节炎、皮肤病等很有效。泡着温泉，一天的疲劳也会随着升腾的热气蒸发得无影无踪。温泉旁还有五彩斑斓、绚丽多彩的石子，这些石子把温泉点缀得犹如仙境，别有一番景致，这时的你才会真正体会到流连忘返的感觉。

旅游小贴士

气候：秋季多雾，所以这时来长白山要特别注意天气预报，以免看不到天池的风采。冬季气候寒冷，遍地是冰，是滑雪运动的最佳季节。

山内交通：登长白山有两条路，一般从延吉方向需从北坡登山，从沈阳、长春等地到北河需从南坡登山。

天下名景第一山
——黄山

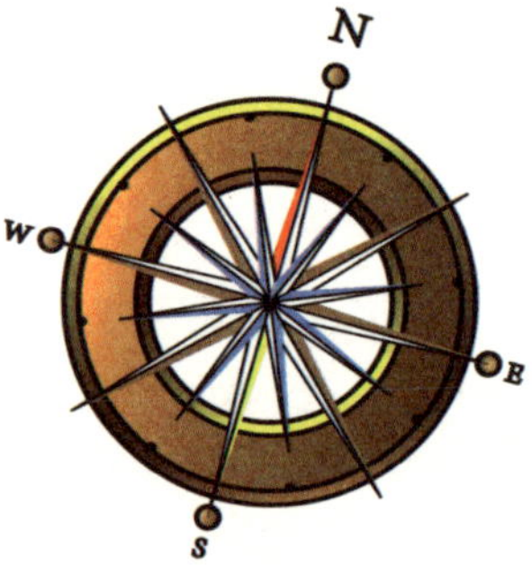

★必去理由 四季皆胜景

★适宜季节 四季皆宜 ★适宜人群 所有热爱自然的人

黄山原名叫“黟山”，位于中国安徽省南部，因传说轩辕皇帝曾在此修身炼丹，唐天宝六载(747年)改名。黄山以奇伟俏丽、灵秀多姿著称于世。它还是一座资源丰富、生态完整，具有重要科学和生态环境价值的国家级风景名胜区，属世界文化与自然遗产，已被列入《世界遗产名录》。黄山现已成为中国名山之代表，素有“五岳归来不看山，黄山归来不看岳”“天下第一奇山”之称，并与长江、长城、黄河并称为中华民族的象征之一。

黄山为群山构造，莲花峰、光明顶、天都峰为黄山三大主峰，海拔高度均在1800米以上，并以三大主峰为中心向四周铺展，跌落为深壑幽谷，隆起成峰峦峭壁，呈现出典型的峰林地貌。

“奇松、怪石、云海、温泉”被称为“黄山四绝”，神奇的冬景和壮美的日出，更让游客流连忘返。山中有名可数的就有三十六大峰、三十六小峰，它们或崔巍雄浑，或俊俏秀丽，错落有致，巧然天成。

奇 松

“峰奇石奇松更奇，云飞水飞山亦飞”，遍布峰壑的黄山松，破石而生，盘结于危岩峭壁之上，挺立于风崖绝壑之中，或雄壮挺拔，或婀娜多姿，显示出顽强的生命力。黄山无处不松，奇特的古松，难以胜数。

黄山松与其他的松树不一样，大多盘根于危岩峭壁之中，挺立于峰崖绝壑之上，破石而生，苍劲挺拔，虬枝盘结。那姿态不仅美绝，而且奇绝。巨松高数丈，小松不盈尺，由于大自然的造化之功，黄山松苍劲多姿：或如流水行云，或如苍龙凌波，或如猛虎归山，或是擎天巨人。据《黄山旧志》记载的有九大名松或十六大名松，现在游人可以观赏的，约有24处。

⊙ 黄山送客松，自然风光。

黄山的名松有迎客松、送客松、黑虎松、双龙松、凤凰松、接引松、连理松等，各有各的妙处。尤其是连理松，奇松连地拔起，在离地2米处树分两干，并蒂齐肩，亭亭之上，直至顶端，且粗细、高低几乎一模一样，至今生机盎然，神采不衰。相传其中一株为唐玄宗所化，一株为杨贵妃所化。二人生前约定死后同来黄山结为连理。杨

⊙ 黄山云海

贵妃死后，魂魄即遵守誓言，来到黄山，住在蓬莱三岛，玄宗去世后其魂魄也按约赴黄山，与杨玉环相会，在北海始信峰化作这株连理松。正如白居易《长恨歌》中“在天愿作比翼鸟，在地愿为连理枝”的诗句，此松象征忠贞不渝的爱情。

云 海

每个大山总有云海的景观，但是黄山云海，特别奇绝。黄山秀峰叠峙，危崖突兀，幽壑纵横。气流在山峦间穿行，上行下跌，环流活跃。漫天的云雾和层积云，随风漂移，时而上升，时而下坠，时而回旋，时而舒展，构成了一幅奇特的千变万化的云海大观。如至风平浪静之际，则白云茫茫，一铺万顷。无数的山峰，被白云淹没，只剩下几个峰尖，像是大海中的岛屿。但转瞬之间，又波起风涌，浪花飞溅，惊涛拍岸。尤其是在云雪之后，日出或日落时的“霞海”最为壮观。太阳在天，云海在下，霞光照射，云海中的白色云团、云层和云浪都染上绚丽的色彩，像锦缎、像花海、像流脂，美不胜言。

温 泉

黄山共有泉15处，古称汤泉，又或朱砂泉。温泉自然露于紫石峰下，常年温度42℃左右，无色无毒，温度适宜，清澈透明，可饮可浴，每当人们疲惫之极，入泉沐浴，顿时神清气爽，疲劳全消。相传轩辕皇帝曾在此沐浴，后须发尽黑，称此泉有返老还童之效。

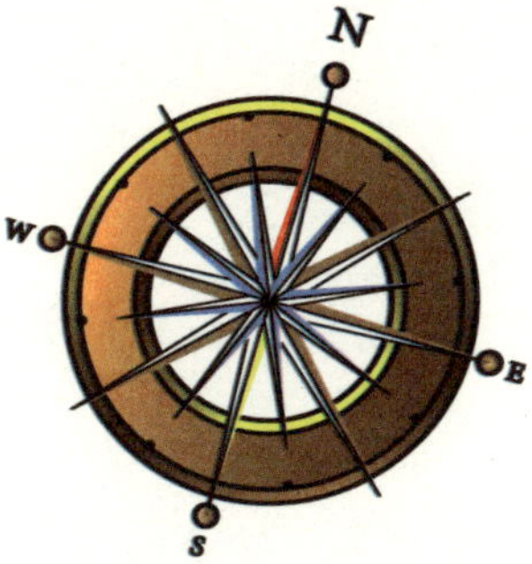

巍峨天下数第一
——泰山

★必去理由 自然与人文的完美结合，东方历史文化的缩影 ★适宜季节 4月～11月为佳，看日出则以秋季为最佳 ★适宜人群 平民百姓，墨客骚人

五岳之尊

泰山雄峙于山东省中部，有“五岳之首”“天下第一山”之誉。“山莫大于泰山，史亦莫古于泰山”。在中国的名山崇岳中，似乎没有哪一座山像泰山一样同人的关系是那样密切又那样悠远。在漫长的岁月里，泰山不仅给了华夏先民以生存的庇护，而且还给他们带来了广阔的精神驰骋的领域。

在中华先民看来，泰山是一座神山，早在远古时期，泰山就被视作“天”的象征，被视为是社稷稳定、政权巩固、国家昌盛、民族团结的象征。相传远古时即有72位君主来到泰山巡狩祭祠，自秦朝以来，先后有12位皇帝前来封禅朝拜。

文人雅士对泰山是仰慕备至。孔子“登泰山而小天下”传为佳话；杜甫“会当凌绝顶，一览众山小”成为千古绝唱。历代赞颂泰山的诗词、歌赋多达1000余首。可以说，泰山是灿烂东方文化的一个缩影，“天人合一”思想的寄托之地，1987年被联合国教科文组织列为“世界自然历史文化遗产”。

泰山大观

泰山风景名胜以泰山主峰为中心，呈放射状分布，由自然景观与人文景观融合而成。泰山山体高大，形象雄伟。尤其是南坡，山势陡峻，主峰突兀，山峦迭起，气势非凡，蕴藏着奇、险、秀、幽等自然景观特点。人文景观，其布局重点从泰城西南祭地的社首山、蒿里山至告天的玉皇顶，形成“地府”“人间”“天堂”三重空间。岱庙是山下泰城中轴线上的主体建筑，前连通天街，后接盘道，形成山城一体。由此步步登高，渐入佳境，而由“人间”进入“天庭仙界”。

俯瞰泰山，山南麓自东向西有东溪、中溪、西溪三条大谷，北麓自东而西有天津河、天烛峰、桃花峪三条大谷，六条大谷溪分别向六个方向辐射，将泰山山系自然地划分成六个不规则区域，形成了泰山著名

⊙ 泰山岱庙

的幽、旷、奥、秀、妙、丽的六大旅游区。古代帝王登封泰山，多从中路缘石级而上，因此中路被称作“登天景区”，又由于此路深幽，故亦称“幽区”。泰山岱顶海拔1500余米，有日观峰、月观峰、丈人峰、象鼻峰簇拥着，亦有碧霞祠、玉皇庙、瞻鲁台、仙人桥衬托着，站在此处时常可见四大奇观，是为泰山“妙区”，而泰山之阳的山麓部分，由于古人活动甚多，人文景观极为丰富，亦是游览的好去处，人称“丽区”。“幽、旷、奥、秀、妙、丽”便是泰山神秀的精髓，它既是天成，又有数千年无数劳动者的构筑。

泰山以其雄伟恢宏、端庄肃穆、浑厚质朴、清秀娟丽的自然形体，成为人们审美实践中的一个重要源泉。同时人们又将自身的审美理想赋予了泰山，将自己的审美意识物化于泰山的各个自然与人文景观之中，使之成了中华民族审美创造的结晶。

旭日东升　泰山日出是岱顶奇观之一，随着旭日发出的第一缕曙光撕破黎明前的黑暗，从而使东方天幕由漆黑而逐渐转为鱼肚白、红色，直至耀眼的金黄，喷射出万道霞光，最后，一轮火球跃出水面，腾空而起，整个过程像一个技艺高超的魔术师，在瞬息间变幻出千万种多姿多彩的画面，令人叹为观止。

云海玉盘　云海玉盘是岱顶的又一奇观。夏天，雨后初晴，大量水蒸气蒸发上升，加之夏季从海上吹来的暖温空气被高压气流控制在海拔1500米左右的高度时，如果无风，在岱顶就会看见白云平铺万里，犹如一个巨大的玉盘悬浮在天地之间。远处的群山全被云雾吞没，只有几座山头露出云端；近处游人踏云驾雾，仿佛来到了天外。微风吹来，云海浮波，诸峰时隐时现，像不可捉摸的仙岛，风大了，玉盘便化为巨龙，上下飞腾，倒海翻江。

雾凇雨凇　雾凇和雨凇是泰山奇特的自然景观。雾凇似霜非霜，似冰非冰，迎风怒放，千姿百态，使松枝、树丛结满了毛茸茸的冰挂，像一株株巨大的白珊瑚，殿阁披上了柔软的轻纱，大地铺展开洁白的毡毯。雨凇则使岩石、大地、房顶、林木都结满了晶莹剔透的冰层，让万物骤然间凝聚成冰的世界。

泰山佛光　泰山佛光是岱顶奇观之一。每当云雾弥漫的清晨或傍晚，游人站在较高的山头上顺光而视，就可能看到缥缈的雾幕上，呈现出一个内蓝外红的彩色光环，将整个人影或头影映在里面，恰似佛像头上方五彩斑斓的光环，故得名“佛光”或“宝光”。泰山佛光是一种光的衍射现象，它的出现是有条件的。

⊙ **泰山十八盘**

在泰山南天门下，对松亭北，两侧山岩壁立，汉代称环道，唐代始有盘道，北宋始有“十八盘”之称。十八盘如云梯倒挂，被誉为“天门云梯”奇观，是泰山的主要标志。

虽有天在上，更有山与齐——华山

★必去理由 中华五岳之西岳，奇险天下第一山

★适宜季节 4月~10月 ★适宜人群 热爱探险猎奇自然风光的人士

自古就有“奇险天下第一山”之称的华山，位于我国的陕西省华阴市境内，古称“西岳”，是五岳之一。华山以“奇”“险”著称于世，“虽有天在上，更有山与齐”说的是华山的险峻；“势飞白云外，影倒黄河里”说的是华山的壮观。除此之外，更有大量的人文景观与华山的“奇”“险”交相辉映，苍龙岭狭长的几乎只有一肩宽的台阶，都是勤劳、质朴的人民历尽艰辛开凿、建造的连他们自己都不敢相信的奇迹。这不仅仅是一种智慧，更是一种精神！

华山之险

华山以“奇”“险”居五岳之首，所以人们都说：不登华山，怎知大自然那鬼斧神工的妙处。但我却不以为然，尤其是当我站在华山脚下的玉泉院，当我面对那些到处都浓郁着江南气息的亭台水榭，我仍然信心十足——即使是高不可攀的以“险”著称天下的“西岳华山”也算不了什么，只要我有一双脚，再险的“华山”都会在我的脚下。可是我错了。

从玉泉院出发，一直走上来，鱼石、五里关、天女散花、青柯坪、回心台，回心台——那峭壁如削的“回心台”，让我为自己的无知而感到难堪——眼前都是如刀削般的岩石；百十米深的大峡谷深不见底；头顶上只有一道细细的裂缝能看见一点点天色。据说很多人走到这里都因为恐惧而不敢再继续朝前走，只好原道返回，所以得名“回心台”。

回心台的“险”是华山给我的第一个下马威。在此之前的对于华山的不屑全都丢到了九霄云外。

沿途的人告诉我：自古没有一个人第一次到华山不害怕的，但是当你真正地过了回心台，你就完全属于华山了，因为只有过了回心台，你才算完全克服了自己心里的恐惧。

我虽没有弄清楚“属于”一词的真正含义，但我心里的恐惧确实在慢慢地消减，在被称为华山咽喉的石阶宽仅容身的“千尺幢”上，在“崖路仅容趾，行则崖擦耳”的“擦耳崖”前，在路宽仅一米，两旁是深不见底的深谷的苍龙岭上……我都没有了恐惧，只有莫名的勇气一路陪着我登上华山最高峰——南峰落雁峰。

我属于了华山，我也深深地体会到了华山的“险”——自古华山一条路，说得一点都不错！

华山五峰

华山五峰是华山的标志，具体到华山五峰的魅力，除了一个“险”字，还有蕴藏在五峰间的故事和传说。

站在华山之巅——南峰，奇峰险山尽收眼底。这时，一路藏在心里的那种感动弥散开来，使得从世间带来的纷纷扰扰一下子都消失得无影无踪，只剩下了自然和我。老子峰、炼丹炉、八卦池、老君洞——当年道家的先哲老子生活的情景在眼前活将过来，无为、讲“空”、讲“静”的道家哲学一瞬间在心里也明晰了很多——直接从天道运行的原理出发、追求自然义、中性义的道家哲学的产生原来并不是偶然的。当初，隐居于华山之巅的老子想必是从这豪迈直冲天际的华山身上找到了自己哲学源泉的。

⊙ 雾绕苍龙岭

苍龙岭是华山著名的险道之一，因岭呈苍黑色，势若游龙而得名。相传韩愈登华山览胜，见苍龙岭绝壑千尺，道路如履薄刃，不由得双腿发软，不敢迈步，于是给家里人写信诀别并投书求救。

⊙ **华山风光**

与南峰的高度不相上下的是东峰朝阳峰和西峰莲花峰。朝阳峰在华山的最东面，是凌晨观日出的绝佳去处，因峰顶有观日出的朝阳台而得名“朝阳峰”。这里还有一座名为赌棋亭的铁瓦亭，据说宋太祖赵匡胤和历史上那位著名的用易学来阐释道学的易学大师陈抟曾在这里赌棋。物依然，人却非，当年融洽的斗棋气氛已经湮没在了时间的深处，只给我们留下了历史沉重感。相反，西峰上那仍然峭立着的斧劈石却给我们带来了沉香救母的浪漫气息。

华山五峰之中最具传奇色彩的两座就是中峰玉女峰和北峰云台峰。玉女峰的整体形状就像一个活灵活现的鸟头，峰顶建有玉女祠。据说春秋时期有一位叫做萧史的青年非常善于吹洞箫，动听的箫声把当时秦国的公主弄玉都迷住了，于是发生了一段公主放弃荣华富贵下嫁平凡百姓的浪漫爱情故事。玉女峰由此得名。玉女祠就是后人为纪念公主弄玉所建造的。

北峰云台峰算是华山的一大要冲，是华山五峰中最为险峻的一峰。云台峰的东、西、北三面都是绝壁，只有一条山岭通向南面，大有“一夫当关，万夫莫开”之势。云台峰虽然险峻，但也不失秀美的一面，尤其是它上面的造型独特的道观真武宫，融人文景观和自然景观于一体，别有一番风趣，让人流连忘返。

匡庐奇秀甲天下
——庐山

★必去理由 “春如梦、夏如滴、秋如醉、冬如玉”，一幅充满魅力的立体天然山水画

★适宜季节 5月～10月 ★适宜人群 所有人

早在1200多年前，唐代著名诗人李白便这样赞美庐山：“予行天下，所游山水甚富，俊伟诡特，鲜有能过之者，真天下之壮观也。”

庐山坐落于江西省九江市境内的鄱阳湖畔，集奇峰、怪石、河流、湖泊、坡地以及大瀑布于一体，自古就以“雄、奇、险、秀”闻名于世。庐山自古命名的山峰便有171座，其中的大汉阳峰最高，海拔1474米。庐山四季皆景：春天，云雾缭绕，变幻莫测；夏天，山峦苍翠，绿树成荫；秋天，层林尽染，色彩斑斓；冬天，玉树琼楼，一派琉璃世界。

庐山还是我国历史上最著名的宗教中心和文化胜地。甚至有人认为：庐山的文化内涵是南方唯一一个可与北方的泰山相比肩的。

庐山自然风光

“横看成岭侧成峰，远近高低各不同。不识庐山真面目，只缘身在此山中。”这是宋代大文豪苏轼畅游庐山后，在山麓西林寺中的白壁上题下的咏赞庐山的著名诗篇。因为这首诗，我也附庸风雅地把认识庐

山真面目当做了赏心之乐事。

我一口气从山脚登上了汉阳峰顶，一方面是因为潜意识中认同毛泽东的“无限风光在险峰”之说；另一方面，能自上而下地观赏美景，就不会让攀登打折扣。站在峰顶，庐山美景尽收眼底，尤其是汉阳峰下的康王谷、谷帘泉。康王谷是庐山最大的峡谷，一眼看下去，深不见底，甚是可怕。康王谷原来名叫“庐山垅”，相传春秋时期的楚康王曾经隐居于此，故后改名为“康王谷”。

⊙ 庐山含鄱口

在汉阳峰上隐隐约约还能看到源出于康王谷，被“茶圣”陆羽称为“天下第一水”的谷帘泉。谷帘泉在康王谷的筲箕洼上破空而下，洋洋洒洒就像是谷上的一道天然的帘子，故名“谷帘泉”。

看完“庐山全图”，我就开始一个接一个地品味那些让我心仪已久的美景。我的游山路线虽然总体上是自上而下的，但全无计划地想到哪就去哪，也着实让我走了不少冤枉路。仙人洞是最让我神往的，所以就先去了仙人洞。

仙人洞在庐山锦绣谷的南端，早些时候，人们称这里为“佛手岩”，因为这里有很多参差如佛手的岩石。后来，有了吕洞宾在此修炼成仙的传说，一下子吸引了来自全国各地的道教徒来此修炼，又因为这里常年雾气缭绕，仙气十足，所以改称“仙人洞”，如今留在洞里的“纯阳殿”就是为了纪念吕洞宾在此修炼而建造的。

仙人洞里的“一滴泉”、洞外张牙舞爪的“蟾蜍石”、奇妙的

“石松”、美丽的“观妙亭”、洞右侧的“游仙石”，让毛泽东的那首“暮色苍茫看劲松，乱云飞渡仍从容。天生一个仙人洞，无限风光在险峰”不自觉地跳出了脑海，跳到了眼前。

站在游仙石上，锦绣谷的无限风光真的尽收眼底了。但见谷中劲松覆壁、怪石林立，层层叠叠，连绵不绝。险峻的天桥，巨石突兀而出，与对面山峰对峙。传说朱元璋兵败至此，忽天降祥云，将天桥连接，朱元璋拍马而过。追兵以为自己也能过，而刹时云散，追兵坠入山谷，粉身碎骨。

离开了仙人洞，来到了三叠泉瀑布脚下。三叠泉瀑布果真不负“庐山第一奇观”的美誉，那从五老峰、大月山峰汇集而来的泉水，从高高的山头凌空而下，宛如一道水帘悬挂空中。水雾蒸腾，竟把日光映衬成了道道彩虹。

此瀑布之所以得名“三叠”，是因为泉水经过山川石阶，折成三叠，“上级如飘云拖练，中级如碎玉摧水，下级如飞龙走潭”。三级总落差155米，第三级最长，约80米，其上端被巨石分开，双流齐下。

我掬起一清水，将全身的困乏涤荡干净后，开始向山下游走。我信手打开《庐山导游》，突然发现，李白所写的庐山瀑布原来竟是远在秀峰的另一瀑布，而三叠泉却是南宋时，被一砍柴人偶然发现的。这不仅让我产生了遗憾之感，如果当年李白看到的是三叠泉瀑布，那他又会写出怎样的诗篇呢？

在不经意的游走中，我竟然到了苏东坡观看庐山云海厅景的地方。在这里我真正地体会到了他的“不识庐山真面目，只缘身在此山中”的意境。看着这让人难以琢磨的庐山云雾，又有几人能真正识得庐山真面呢？

千古文化名山

庐山自古就有“奇秀甲天下”之称。其实除此之外，庐山更有着悠久的人文传统和深厚的文化内涵，传为大禹时所作的《禹贡》及稍后的《山海经》，均有庐山古称的记载。

说到庐山的文化，关于它名字的传说是不能不说的。早在周初，有一位匡俗先生，来到庐山学道求仙。他的事迹被朝廷获悉后，周天子派人请他出山相助，却遭到了匡俗的回绝。几次相邀之后，匡俗为求清静，潜入深山之中，从此无影无踪。周天子求才不得，就把匡俗求仙的地方称为“神仙之庐”，“庐山”之称因此而生。因为“成仙”的人姓匡，所以庐山又称匡山或匡庐。到了宋朝，为了避宋太祖赵匡胤之匡字的讳，而改称康山。

庐山自古就是文化聚集地。公元前126年，司马迁“南登庐山”，使得“庐山”载入《史记》。东晋陶渊明、谢灵运、宗炳，五代十国的荆浩，明代的沈周，都曾就庐山进行了创作，使庐山成为了中国田园诗的诞生地、中国山水诗的策源地、中国山水画的发祥地。

⊙ **庐山三叠泉**

三叠泉长期隐藏于荒山深壑，直到南宋时期才被人发现。遇上暮春初夏多雨季节，飞瀑凌空而下，雷声轰鸣，令人叹为观止。

著名的白鹿洞书院就建于庐山的五老峰下。相传唐贞元年间的洛阳人李渤和兄李涉在此读书时曾养过一只白鹿，人们称他们为“白鹿先生”。李氏兄弟做官后就建台榭于此，以“白鹿”命名。台榭相当于现在的学校，南唐时正式更名为“白鹿洞国庠”。南宋时经朱熹重建扩充，白鹿洞书院空前繁盛，成为中国四大书院之首，很多名人都曾讲学于此。

除了白鹿洞书院，濂溪书院、白居易草堂、陶渊明墓、陶靖节祠、岳母墓、浔阳楼、“庐山高”石坊都是人文气息非常浓厚的景观。

庐山还是著名的宗教中心，一山藏五教是庐山独特的奇观。公元4世纪，高僧慧远在庐山建东林寺，首开中国化佛教；禅师竺道生在庐山精舍，开创“顿悟说”；天师张道陵，在庐山修炼求仙；道教禅师之一的陆修静，在庐山建简寂观，创立了道教灵宝派……至今，庐山仍有佛教、道教、伊斯兰教、基督教、天主教等宗教及教派的寺庙、道观、教堂多座。

在近现代，庐山也承载了不轻的历史重任。19世纪末20世纪初，庐山出现了近千幢具有英、俄、美、法等18个国家风格的别墅；20世纪30年代，庐山成为南京国民政府的“夏都”，蒋介石和宋美龄还留下了豪宅“美庐”；1937年，周恩来代表中国共产党再次上庐山与蒋介石会谈；建立新中国后，毛泽东三次登上庐山，主持召开了世人瞩目的三次中共中央会议。

源远流长的传统文化，垂范天下的教育文化，空灵玄异的宗教文化，中西合璧的建筑文化，给秀美的庐山注入了灵魂，使庐山成了一座充满历史厚度的文化名山。

旅游小贴士

住宿：庐山历来为旅游风景区和避暑胜地，宾馆业发达。庐山旁的九江市内有各类宾馆和招待所，从豪华到低档一应俱全，满足各层次的消费水平。在庐山景区内的宾馆主要有庐山宾馆、庐山西湖宾馆等，不过这些地方旺季的收费都是较高的。如果想住得便宜一些，可以找学校里办的招待所住。

餐饮：到庐山后，“三石一茶”的名字就会不绝于耳，它们分别是指庐山石鸡、庐山石鱼、庐山石耳和庐山云雾茶，这些都是庐山上名贵的东西，一定得尝一尝。

娱乐：在庐山游玩，没有什么比游山玩水更加富有娱乐性了，欣赏湖光山色，自然美景，白水飞瀑，领略峻岭绝壁的雄奇，观日出，沉浸于漫山云雾缭绕的云海变化中，难道不是最有意思的事吗？

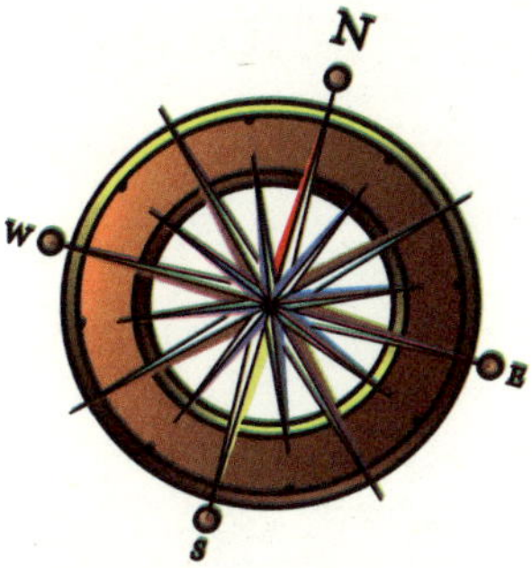

秀外慧中的南国佳丽——武夷山

★必去理由 自然与人文的梦幻结合，秀外慧中的南国佳丽

★适宜季节 秋季 ★适宜人群 老幼皆宜

武夷山坐落于我国福建省的武夷山市境内，方圆60多平方千米，自古就有“奇秀甲东南”的称号。武夷山是一座集自然景观和人文景观于一体的文化名山，不仅风光秀美，还有着悠久的人文传统。相传，宋淳熙十年，当时的理学大师朱熹游走武夷山时，一下子就被武夷山的迷人风光吸引住了，于是朱熹在武夷山建立了精舍并于此开始了长达数年的讲学生涯。从此，武夷山与程朱理学结下了不解之缘。再往前一点，武夷山的历史还可以追溯到以架壑船棺为象征的古越族文化时期和以城村古汉城为标志的西汉文化时期，在这些时期，武夷山都有过不同程度的繁荣。

山水风光

九曲溪集聚了武夷山所有的精华，是武夷山最具代表性的风景。自古武夷山的自然风光就有“三三九九”一说，其中的“九九”另有所指，说的是夹崖森列的99岩；而剩下的“三三”却是对九曲溪绝佳的概括。九曲溪一年四季溪水碧清，干净得如仙泉圣水。它沿着武夷山的山涧、河道，迂回曲折，缠缠绕绕，如一条碧绿的玉带在武夷山的脚下优雅地荡漾开去，形成了“曲曲山回转，峰峰水怀抱”的武夷奇景。

在空谷深幽之间徘徊着的九曲溪，由西向东缓缓流去，从来不带一点声响，从来也没有想过要在游人面前炫耀自己。水边的那些直插云霄的悬崖峭壁，峭壁之间的千年悬棺，更使它幽中带奇，让人于它的“幽”、它的“奇”、它的“静”、它的“妙”之间惊诧不已。

沿着九曲溪，还有大王峰、上下水龟、仙掌峰、大红袍、玉女峰、白云岩、仙钓台、并莲峰、玉柱峰、天游峰……陡壁如削的大王峰屹立在九曲溪口，有如擎天巨柱，屹然高耸，极为壮观。古人因其颇有王者威仪，故而授命为“大王峰”。大王峰顶是观赏九曲山水全景最好的地方，但要上此峰，必先沿一条直上直下的岩石裂缝爬上，然后才有盘山路可直通峰顶。

环来绕去看到的一处处都足以让人感动。这种源于自然的感动毫无瑕疵，就像那干净的溪水一眼见底，这就是武夷山风景区。

可以与武夷山风景区相媲美的还有武夷山自然保护区。它是我国的A级国家自然保护区，现已经被联合国教科文组织列入国际“人与生物圈”保护网，是联合国“人和自然”保护网极负盛名的保护区域之一。

在这里感受到的自然是不同于武夷山风景区的。这里有我国东南地区第一高峰——黄岗山。站在山顶看云海间的朝阳、落日，犹如在仙境一般，只觉得自己已经与天地融为一体，“我即天地，天地即我”的豪情，在那万丈霞光之中油然而生。但这还不是它最吸引人的地方，在它的境内分布着的保存完好的大面积的原始森林和原始次生林才是它真正的价值所在。据说，这里有着我国东南部保存的面积最大、最为完整的亚热带森林生态系统。

光这几个“最”字就够吸引人的吧！其实当你真正面对那一株株已经有上百年、上千年历史的亚热带常绿阔叶林的时候，你感受到的才是真正的自然。当你畅游其中，欢歌笑语，大自然就好像是被尘封了几千年的名画，正在一点点地抖落身上的灰尘，一点点地现出本来的魅力。

武夷山访古

武夷山还有丰富的文物古迹。其中“武夷船棺”不仅让考古学家们兴趣盎然，就是游人也多要乘竹筏来到三曲，登上浅滩，翘首观望一番。

要说武夷山九曲溪边的架壑船棺，还要从几千年前说起。大约在3000多年以前，这里生活过许多古越人的部落，悬棺葬是他们的一种丧葬形式，但并不是所有的人都能得到这样的“待遇”，只有那些受人尊敬的死者才能采取“悬棺葬”的形式。把死者高高地葬在悬崖之上，代表着当时人们的美好的理想：最高的地方才最接近“天神”，最接近“天神”的地方才最容易“升天”，当然这里面也充斥着一种对于高山的“力量”崇拜。

今天，当我们站在山脚下面对那高高的带着几千年历史尘埃的悬棺的时候，关于“天神”“升天”的美好向往自然是没有的，我们感慨的只是古越人的高超技艺，如此悬崖绝壁，从下边望上去都会让人心惊肉跳，更何况还要在上面凿洞葬棺？

除了悬棺，2000多年前的西汉闽越国王城遗址，也是极具历史价值和文化价值的。汉城遗址占地48万平方米，现已发掘出土4000多件珍贵文物，有花纹空心砖、铁矛头、铁王齿耙、铁三股鱼叉、回形管道、宫内浴池等，遗址内还发现了一口水井，因保存完好而被称为“江南第一井”。此外，从创建选址、建筑手法和风格上，汉城遗址都独具一格，是中国古代南方城市的一个典型代表。

武夷山还与朱子理学有着不可分割的联系。相传，宋淳熙十年，当时的理学大师朱熹游走武夷山一下子就被武夷山的迷人风光吸引住了，于是朱熹在武夷山创办了紫阳书院、考亭书院，并开始了长达数年的讲学生涯。从此，武夷山与程朱理学结下了不解之缘，武夷山也就当之无愧地成了理学名山。

文化遗存与自然景观的结合，不但体现了武夷山秀外慧中的气质，也为游人提供了一处极佳的情感表达的场所。因为武夷山能包容一切，不管你是尽情地哭、尽情地笑、尽情地欢乐，还是尽情地痛苦。

主要景点

著名景点：九曲溪、一线天、桃源洞、天心岩、水帘洞、大藏峰、并莲峰、玉女峰、幔亭峰、莲花峰、三仰峰、三层峰、天游峰。

著名古迹：武夷宫、宋街、三清殿、刘公神道碑、徐霞客塑像、妙云寺、茶洞、武夷精舍、刘官寨、遇林亭、三姑石。

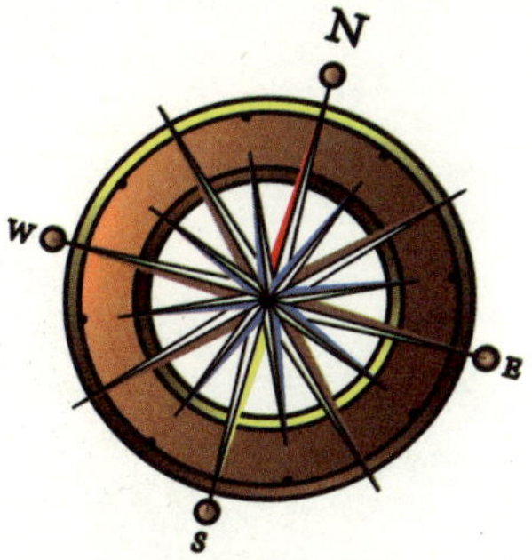

只有传说没有历史的世界——神农架

★必去理由 千峰陡峭、万壑幽深，被誉为“华中屋脊”，中国著名的“绿色宝库”

★适宜季节 夏秋两季　★适宜人群 钟情于探险、沐浴“氧吧”的人士

神农架地处我国湖北省西北部，平均海拔在1700米以上，境内光3000多米以上的高峰就有6座，所以它又有“华中屋脊”的称号。神农架不仅空气清新、气候宜人，而且还是一个到处都带着神秘的地方，是一个只有传说没有历史的世界。单从名字我们就能感受到神农架那来自上古的强烈的浪漫气息。据说上古时期，“三皇”之一的神农氏在这里生活的时候，当地的百姓得了一种怪病，神农氏为了给百姓看病，冒着生命危险尝遍了百种野草，才如其所愿地为百姓治好了怪病。当地百姓为了纪念这位英雄，就把神农氏尝百草的地方叫做“神农架”。

从神农顶到神农祭坛

神农顶位于神农架之巅，方圆约2平方公里，被人称为“华中第一峰”。凭空望去，雾霭茫茫之中整个神农架的所有山峰尽收眼底，十分壮观。所有到神农架的游客没有不到神农顶的。更难得的是，神农顶地表面还分布着各色各样的苔藓和蕨类植物，这些小生物就像是一个个小小的生灵，永远都散发着无穷的生机和活力。

⊙“碧云天，黄叶地，秋色连波，波上寒烟翠。”范仲淹的《苏幕遮》词句在神农架得以生动体现。

从神农顶往下走，沿着神农架的山腰几乎常年都能看到鲜绿色的箭竹林带、漂亮的冷杉林带和可爱的高山杜鹃林带。那庞大的箭竹竹海就像是翻滚在你面前的一个一个巨大的绿色波浪，煞是壮观。一株株可爱的冷杉摇曳在崖间、山地、岩石中，尽情地展现着它的高贵和顽强的生命力。这里的冷杉是我国著名的二级保护植物。至于那些极具耐寒能力的高山杜鹃，让你只能用一个“可爱”来形容它们了。它们实在是太可爱了，在海拔那么高的地方能看到开得这么欢快的花，那简直是一种超感官的享受。一株株聚集在一起成了一簇、一片、一块、一个山腰，一个花的海洋，一个杜鹃的世界。看着娇小却有着无穷生命力的高山杜鹃，你感受到的不仅仅是它们的美丽，往往还会有一种源于生命的感动。

当地还流传着一个关于杜鹃、冷杉和箭竹的美丽传说呢。在遥远的古代，神农顶附近生活着一对深深相爱着的青年男女，但是他们的美好生活却被后来到这里的一个“山霸王”马皇打破了。“山霸王”想要让漂亮的女青年做自己的压寨夫人。这对青年男女得到这个消息后连夜出逃，但不幸的是，他们被“山霸王”堵在了神农顶上，并被他射死在了山顶。神农氏正好从山顶经过，他立刻撒下了一把箭竹的种子把马皇困在了箭竹林里，然后又把死掉的男青年变成了冷杉树，女青年变成了杜鹃花。后来，马皇再也没有从密密麻麻的箭竹海中逃脱，最终变成了一种叫做蚂蝗的虫子，现在还是当地常见的一种虫子。而变成冷杉和杜鹃花的男女青年则在美丽的神农顶上相依为命，再也没有分开过。美丽的传说让神农顶多了几分神秘。当我们漫步于神农之巅，每每想起这动人的爱情故事，我们的神农架之行就会平添许多乐趣。

到神农架，还有一个必须到的地方就是神农祭坛，因为它是最能代表神农架的人文传统的一处景观。

神农祭坛是为纪念神农氏而建的，其实就是一个以巨型的牛首人身的神农氏雕像为主体的建筑群。神农氏雕像以大地为身躯，横卧在崇山峻岭之间，远远地看过去，只见他微闭着双眼，就像是一位正在沉思的哲学大师。雕像的两边是高达10米的图腾雕柱和两幅宏伟的大型浮雕。浮雕以神农氏的传说为主要内容，基本上展示了传说中的神农氏的丰功伟绩。

不屈的生命

170万年前的地球进入了第四纪冰川时期，大地一片冰封雪冻。可是，惟有神农架地区是幸运的，未被冰层埋藏。于是，这里就成了生物避难所，使得在世界许多地方早已灭绝的生物独在此得以幸存，比如，银杏、巴山冷杉、秦岭冷杉、铁坚杉、鹅秋掌、珙桐（鸽子树）、香果树等。它们是不屈的生命，它们演绎着说不完的故事，它们是名副其实的“活化石”，它们都是我国古老、珍稀、濒危的树种。

在松柏镇外5000米处有一棵500岁的梭罗树，树身已经出现空洞，并被蛇占为巢。每年春天，都会有上百条蛇从树洞中蛰醒爬出。附近的村民曾趁蛇群冬眠之时，放火烧树。一连烧了几日，树身下半截都被烧焦了，可是这棵树仍然枝繁叶茂，昂首向天。

鸽子树是我国特有的古老孑遗树种，在神农架自然保护区内好几个地方都有，其中尤以上天梯处的一株最具代表性。这株鸽子树高达20米、胸径0.7米。每年5月，鸽子树便满树繁花，那树上的千花万朵摇曳生姿，似千万只白色鸽子咕咕着栖落枝头，又像要展翅欲飞天涯，招来游客留连忘返。

保护区内还有一株近1200岁的铁坚杉，树高36米，树径2.7米，遮天蔽日的。据说在一百多年前，这棵古杉的下面不远处，也长着一棵同样高大的古杉，山里一户有钱人家命三名樵夫砍伐这棵古杉做寿器，可

就在树倒下的一瞬间，三个樵夫全被砸死。此后，这户有钱人家也日渐衰落。

除了植物，神农架自然保护区里的奇异珍稀的野生动物也很多，兽类、鸟类、鱼类、蝴蝶等，其中70多种受国家重点保护。另外，在神农架保护区还发现了许多神秘的白化动物，如白蛇、白龟、白獐、白熊、白猫头鹰、白蛤蟆等。白化动物的出现，不但为神农架增添了神秘色彩，还引起了科学界的极大关注，轰动了民间，因为，在民间常被视为“精”“仙”的白色动物，不过是传说中的故事而已，比如，白蛇、白龟等，现在却真真切切地出现在了神农架。

在神农架，还有更神奇的生物，那就是“野人”。1970年，野考队员们曾两次在箭竹林里发现了奇妙的“窝”，那“窝”用箭竹扭结而成，每根箭竹间的距离约为50厘米。据分析，这绝非人类所为，那又是谁的杰作呢？

据说，神农顶下的风景垭就是“野人”经常出没的地方，迄今为止，已有300多人在那里发现了“野人”的踪迹、毛发、粪便等，这大约是因为神农顶的箭竹是“野人”食物的缘故吧。

到目前为止还没有捕捉到一个真正的“野人”身影，“野人”对于我们来说还是个谜，但它却为神农架平添了不少的神秘。

也许任何生物都逃脱不掉“进化”的宿命，但神农架却给我们呈现了一个又一个古老而又现实的神话。它的所有传说都似乎不再是谣言，而是你眼前的真实存在。这也许正是神农架的真正魅力，这是一个只有传说没有历史的世界。

⊙ 山高谷深的神农架原始森林区

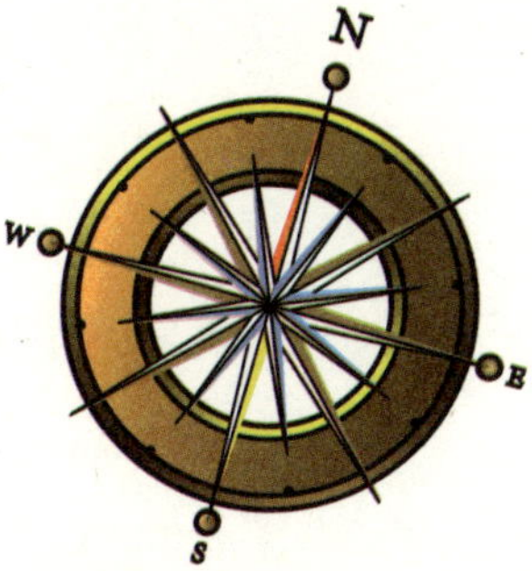

神秘圣洁的地球第三极
——珠穆朗玛峰

★必去理由 万山之尊、世界之巅、藏族人民心中的“圣洁女神”

★适宜季节 夏季 ★适宜人群 颇具活力的探险人士

珠穆朗玛峰是喜马拉雅山脉的主峰，位于东经86.9度，北纬27.9度，地处中国和尼泊尔边界的东段，北坡在西藏定日县境内。1721年，清政府编绘《皇舆全览图》精确地标出了它的位置，并根据藏语名之为“朱姆朗马阿林”，“阿林”就是藏语山峰的意思，而1771年的《乾隆内府舆图》则开始用“珠穆朗玛”一名替代了“朱姆朗马”。

古老而美丽的传说

在藏语中“珠穆朗玛”意思是“神女第三”，谈起珠峰的命名，则有一个古老而优美的传说。

传说，在远古时这里本是一片汪洋大海，漫长的海岸线遍布松柏、铁杉和棕榈，海浪搏击，哗哗作响，重峦叠翠，云雾缭绕。森林里长满奇花异草，百灵鸟在树梢跳跃欢唱；野兔无忧无虑地在嫩绿茂盛的草地上跳跃；成群的斑鹿、羚羊在奔跑，三五成群的犀牛迈着蹒跚的步伐，悠闲地到湖边饮水。

但是，这一天海里来了一条巨大的五头毒龙，它搅起万丈海浪，

⊙ 珠穆朗玛峰北坡攀登线路示意图

森林倾倒，草地淹没，狂涛恶浪，飞沙走石。飞禽走兽都预感到灾难临头了，于是东躲西藏，居无定所，正在它们走投无路的时候，大海的上空飘来了5朵彩云，变成5位仙女，她们施展无边法力，降服了5头毒龙，大海也随之风平浪静。于是，众生对五仙女顶礼膜拜，感谢她们的救命之恩，而当众仙女想辞归天庭时，众生苦苦哀求她们留在此间。于是五仙女发慈悲之心，同意留下共享太平。五仙女喝令大海退去，于是，东边变成茂密的森林，西边变成万顷良田，南边是花草茂盛的花园，北边是无边无际的牧场。5位仙女变成了喜马拉雅山脉的5个主峰，即祥寿仙女峰、翠颜仙女峰、贞慧仙女峰、冠咏仙女峰、施仁仙女峰，屹立在西南部边缘，守卫着这片乐园。为首的翠颜仙女峰便是珠穆朗玛，在壁画中的翠颜仙女总是着白衣，骑白狮，右持金刚杵，左捧长宝瓶，而当地人都亲热地称珠穆朗玛峰为“神女峰”。

地球第三极

这则神话表明了珠穆朗玛被奉为神山的理由，神话云云，姑妄信之，而珠峰的海拔和风景则是吸引许多虔诚游客的最直接原因。珠穆朗玛峰地区拥有4座8000米以上、38座7000米以上的山峰，故被称为地球第三极，尤其是世界第一高峰——珠穆朗玛，成为世界登山运动瞩目和向往的去处。同时，珠峰终年为积雪覆盖，冰川规模巨大，上有瑰丽罕见的冰塔林、冰茸、冰桥、冰塔等地貌，千奇百怪，险象环生，加上这里人迹罕至，令游人仿佛置身于仙境。

如果你是在飞机上远眺珠穆朗玛，那匆匆一瞥不会给你留下什么印象。而当你闲坐在山脚下的一块大石上，向南远眺，但见连绵起伏的中喜马拉雅山和山间的谷地，像一具硕大无朋的巨型彩色地形沙盘，摆在面前。沙盘的正前方，那最远处的终点，便是特别雄伟庄严、群山簇拥的地球之巅——珠穆朗玛。在纤尘不染、水汽不飞的高原特有能见度下，巍巍珠峰与游人如在咫尺。在众山竞高，如万笋朝天的喜马拉雅群峰中，她独领风骚，高耸于众山之上。珠峰的峰体是由一层层不同色

⊙ 珠穆朗玛峰高程测量纪念碑

珠穆朗玛峰高程测量纪念碑
MONUMENT TO MT.QOMOLANGMA ELEVATION MEASUREMENT
海拔
8844.43
米
m

调的岩石叠合在一起，而形成的多峰体，绝似一块巨大的千层糕。她恢宏、绮丽、超然、独尊，却又默然不语，任随风卷云涌，日晒冰冻，雨打雪飞，依旧日日增高，岁岁隆升，静静地在超越自己。

在可以望见珠峰的那几天，随时可翘首眺望绚丽多彩、雄奇壮观的旗云景色。千姿万态、变幻莫测的旗云，像每天早晨东方的朝霞，常看常新。时而像波涛汹涌的海潮巨浪，忽而又如袅袅上升的轻盈炊烟；刚才还似万里奔腾的疾驰骏马，这会儿又像轻轻飘动的薄薄面纱，朦胧中充满神秘之感。

最高最美的追求

无限风光在险峰，自有登山运动以来，珠峰就是各国向往的高峰。1953年，英国人埃德蒙·希拉里和尼泊尔向导丹增成为最早的征服者，其后各国登山队伍和个人陆续攀上绝顶。“高山仰止，景行行止。虽不能至，心向往之！”如今登山不再是信徒的朝圣之旅，而是为了向自然展示人类的力量和意志，故百年来的登山者，虽九死一生而痴心未改。

在珠峰脚下，世界最高的寺庙——绒布寺旁，有近百年来众多登山者留下的墓碑。乱石堆积成简单的坟，坟前一片简陋的石板便算是碑，刻上死者姓名和遇难年月，不见墓志铭之类。无论是富翁或流浪汉，生前地位悬绝，死后却都占有同样大的石堆，完全平等了。然而死者遗体不在这石堆中，更不在这石堆下的土地中，大多在山间悬崖、乱石、冰雪中。在登山途中，他们或因雪崩、或因滚石、或因滑坠、或因高山病突发猝死，旁人无法救助，甚至连遗体也无法背下山。每当新登山者来征服珠峰时，往往于青崖白雪间，望见露出的一具半具尸体，封冻得完好无损。

死去何所道，托体同山阿。绒布寺屋脊上的风铃声，高大雪峰雄伟的身影，永远地向我们诉说着人类向往走向最高最美境界的无上追求，和为这种追求而产生的不屈不挠的崇高精神。

美丽的世界画廊
——东非大草原

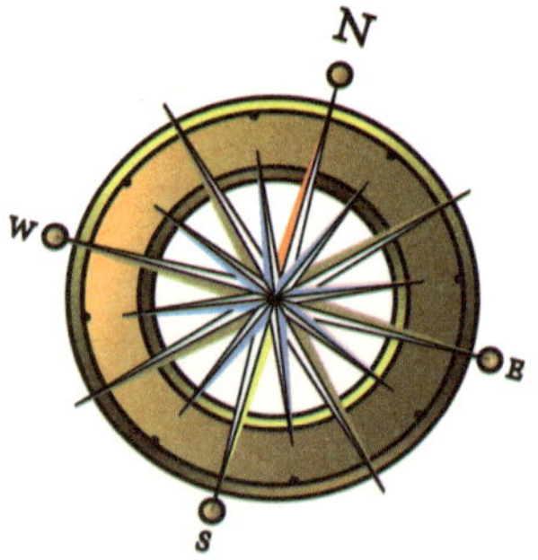

★**必去理由** 在这里，人和动物的关系令人着迷，人与人的关系令人着迷，人与自然的关系令人惊奇，你能体会到最真实的世界和自己 ★**适宜季节** 8月~9月 ★**适宜人群** 喜欢贴近最真实大自然的旅行者

在几个世纪以前，遥远的东方对于欧洲人来说是一个充满神秘的奇异王国。对于文明世界来说，越是古老未曾开化的地方，就越有着莫名的吸引力。非洲，这个人类的起源地，经过长久的岁月，它的文明发展仍然停留在原始阶段。在这片古老的大陆上，鲜有现代工业的痕迹，仅仅是原始先民和动物的世界。

肯尼亚的玛沙玛拉野生动物保护区，是东非最大的动物保护区，面积达1510平方千米。保护区的边缘就有当地人的旅行社，可以提供住宿和安排行程。如果运气好的话，一下就可以凑到两个以上的游客，旅行社方就可以用一辆吉普车载着人出行了。对于习惯了现代生活的都市人来说，坐上老式的吉普车一路颠簸着观光，的确是一种全新的体验。

⊙肯尼亚的玛沙玛拉野生动物保护区，是东非最大的动物保护区。

在离你那么近的地方，三三两两地停着些斑马，很闲适地咀嚼着干草或是别的什么。一群长颈鹿慢慢地靠过来，静默着，似乎瞥了我们一眼，同样也是淡淡的。不多久又看见了犀牛、狒狒和其他一些动物。有意思的是它们都很安静。开车的司机也小心翼翼地保持着与它们的距离，既让游人感觉到亲密接触，又不让动物们受到惊扰。

远远的天上飘过来一个热气球，在这里也可以乘坐这种特殊的交通工具俯瞰大草原和草原上的动物。看个人喜好吧，虽然视野比较开阔，但是我总以为在这样一个与众不同的世界中出现一个花花绿绿的大家伙，虽然很有冒险家的气氛，但怎么也是一件很好笑的事情。而且，不亲身踏上这块土地，非洲之行还有什么意义呢？

我们可以一睹非洲真正主人的真实生活。马赛人住在用红土和牛粪建成的小屋子里，屋子很低，一般没有窗子。当地的旅游发展起来以后，马赛人就不再以狩猎为生，改为饲养牛羊，有时牛羊和人就住在同一间屋子里。这种相处虽然对人和动物来说也许是最自然的。与其他旅游地不同的是，玛沙玛拉的马赛人还不会用一些显而易见的小伎俩招徕顾客，他们就是那样自顾自地生活着，无视那些好奇的目光，就如同千百年来生活的一样。那里的生活节奏十分缓慢，衣食无着的人们并没有太多可以努力的对象。矮矮的屋棚外倚着的老妇人，岁月的侵袭使得她的黑皮肤看着都有些发灰了，只是那双眼依然是清明的，她并不理睬周围来来往往的人群，就那么定定地看着一个方向，凝固了，或者多年来就没有移动过。看着那目光，一时便不知心里的哪一个地方有了什么触动。

旅游小贴士

气候：东非大草原所在的肯尼亚具有典型的海洋和内陆气候条件，常年气候比较温和，舒适度甚至高于中国的昆明，四季如春，有“鲜花国度”的美称。肯尼亚没有冬夏春秋之分，一般分为雨季和旱季；雨季又分为长雨季和短雨季，长雨季从4月开始到6月，短雨季从10月到12月。

携带物品：最好配备防晒用品、晕浪丸、驱蚊剂、手电筒、伞等物品。那边太阳比较猛烈，可带一些滋润的饮料，如蜜糖水。

服饰：建议穿简便、舒适的衣服，因早上和夜晚比较清凉，最好预备长袖外套，亦需准备帽子，以预防赤道太阳的照射。

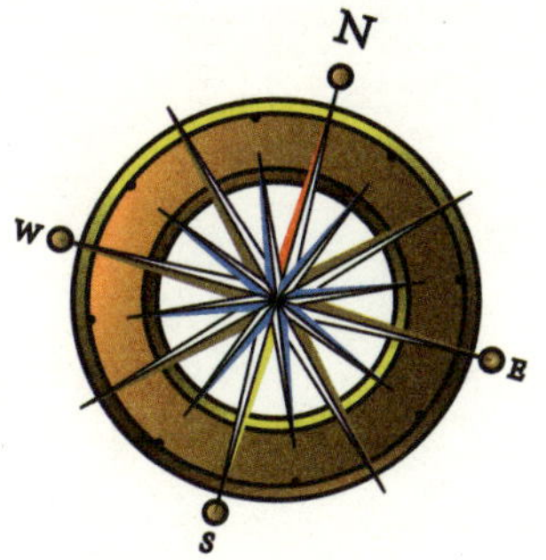

地球的绿色心脏
——亚马孙丛林

★必去理由 在这里的每一天都是惊喜，在这里的每一天都是考验

★适宜季节 四季皆宜 ★适宜人群 热爱自然的人、探险家、环保主义者

在巴西广袤的土地上，覆盖着世界上最大的热带雨林，这就是有着“地球之肺”美誉的亚马孙热带雨林。在这里，静卧着世界上流量最大的河流——亚马孙河，散布着世界上最大的湿地——潘塔纳尔沼泽地，生存着世界上最大的动植物群落。

最大的热带雨林

亚马孙曾经有过很多名字。第一批葡萄牙探险家称它为“马腊尼翁”，马腊尼翁是迷宫的意思。因为最早的探险家们抱怨说：“那是唯有上帝才能解开的马腊尼翁。”

亚马孙流域的热带雨林大部分位于巴西，面积约为印度两倍，海拔不超过200米。这里雨量充沛，加上安第斯山脉冰雪消融带来大量流水，每年有大部分时间为洪水淹没。有一片名叫瓦西亚的森林，每年有数月水深9米。还有一些称为伊伽普斯的地区，大部分时间淹没在水里，几乎全年闷热潮湿。

亚马孙热带雨林是个绚丽多姿、丰富多彩的植物王国。亚马孙流域植物种类之多居全球之冠。许多大树高达60多米，遮天蔽日，故旱地

⊙ 穿过茂盛的丛林的亚马孙河

森林的地面光秃秃，只有一层腐烂的枝叶。涝地森林则情况迥异，灌木和乔木有板状基根，帮助维生。树冠由高至低分层。这个王国中的每一分子，无论它是一棵参天的大树还是一片嫩嫩的幼芽，都充满了勃勃的生机。如果把热带雨林比喻成一篇美丽的文章，那么生长在雨林里的花、草、树木便是那文章中绚丽的诗句。

亚马孙热带雨林是个波澜壮阔、博大精深的动物乐园。那密不透风的雨林中栖息着猴子、树懒、蜂鸟、金刚鹦鹉、巨大的蝴蝶和无数蝙蝠；河流和沼泽中生活着凯门鳄、淡水龟，以及水栖哺乳类动物如海牛、淡水海豚；陆地则生活着美洲虎、细腰猫、貘、水豚、犰狳等特有的兽类。这个动物世界里既有母爱的温馨、弱肉强食的残暴，又有适者生存的冷酷与现实。

地球的守护神

亚马孙森林对调节大气起着重要作用，每公顷森林可吸收160吨二氧化碳。雨林里茂密的树木在进行光合作用时，能吸收二氧化碳并释放出大量的氧气，就像在地球上的一个大型空气清新机，所以有“地球之肺”的美名。

不仅如此，热带雨林水汽丰沛，蒸发后凝结成云，再降雨，成为地球水循环的重要部分；不仅有助于土壤肥沃与生物生长，也有调节气候的功能。亚马孙热带雨林是靠阳光、雨水和森林系统本身的作用形成的，因为亚马孙森林在吸收二氧化碳方面有重要作用。如果地球失去亚马孙森林，温室效应将会加速，地球会进一步变暖。巴西拥有世界上品

⊙ 亚马孙丛林中修长而挺拔的树木

亚马孙热带雨林是个绚丽多姿、丰富多彩的植物王国，这一流域的植物种类之多，可居全球之冠。

种最多的植物和动物，亚马孙森林一旦消失，这些品种繁多的生物也将随之失去。亚马孙森林与地球的未来息息相关。

走进亚马孙

没有什么比一片热带雨林更能够使人类放弃傲慢，而代之以敬畏之情。它们是大自然最后的阵地，繁衍着外人从未或很少见过的动植物种群，栖息着极少数素来不与外界交往的原始部落。亚马孙之旅，需要热情，更需要勇气。

多雨的气候又造成了许多地方常年积水，毒蛇飞虫更是防不胜防，步行穿越丛林是既困难又危险的。而利用亚马孙丰富的水资源来一次漂流旅行却是一个好办法。所以，能否打造出一艘像样的木筏是生存

之旅成功与否的关键。

沿着望不到头的亚马孙河一路深入，二三百米宽的水面，两岸是密不透风的热带丛林。河水在飞机上看是黛青色的，走近后却发现是浑浊的，有点像黄河，也许是上游刚下过雨的缘故。天空像水洗过一样洁净，阳光明媚，云彩千变万幻。河上静悄悄的，只有划水时木桨的吱吱声和水波荡漾的声音。前方不断有大段的浮木顺流而下，不小心能把船撞沉，这一段本该静默的水路也充满了惊险。坐着木筏，撑着木篙，沿河观赏两岸的奇物妙景，时而天空中掠过美颜的鹦鹉，时而船边游过成群的食人鱼……一切都是那么地奇妙与美好。

继续亚马孙之旅，补充体力是当务之急。亚马孙河流中丰富的鱼类就是取之不尽的食物源。烘烤着用自制的木叉捕捉到的鱼，细细品尝着那特有的鲜味，的确别有情调。而其中最为刺激的活动，当然就是钓

食人鱼了。对付这种凶猛的动物，要打起精神，十分地小心谨慎才行。

随着时间的推移，西下的夕阳为亚马孙丛林披上了一层神秘的面纱。然而，冒着夜色继续航行是十分危险的，休整夜宿的地点必须选择在干燥的高地上，建“屋”的材料则俯首皆是：树枝、藤蔓、树叶等都是很好的建材。小屋的保暖性并不十分重要，在闷热多雨的雨林中，防雨是关键。印第安式的帐篷就是解决问题的好方法。圆锥型的屋顶使得排水变得十分便利，建造起来也非常快捷。

亚马孙生存之旅的每一天都是对您的考验，让您用最自然的方式去探索大自然，不是去征服和破坏她，而是去敬畏和热爱她，使您真正地和自然母亲融为一体。

野外生存小贴士

野外生存就是在吃、住、行都无保证的条件下求得生存。但野外生存是探险，并不是以生命为赌注的冒险，救生刀、火种、水壶是野外生存必不可少的三大要素。此外您若能随身携带一些小的工具和用品，可能会在危急的情况下帮上您的大忙：罗盘，不会让您迷失在茫茫的亚马孙热带雨林中；放大镜，可以利用太阳光聚集取火；防虫水、解毒药、野外急救包都是亚马孙生存之旅的必备之物。

险峻神秘的世外桃源
——雅鲁藏布江大峡谷

★必去理由 世界上最深的峡谷，世界山地植被类型的“天然博物馆”

★适宜季节 四季皆宜 ★适宜人群 所有爱好探险的人

雅鲁藏布江大峡谷（简称大峡谷），位于中国西藏雅鲁藏布江下游，是一个围绕着喜马拉雅山东端的最高峰——南迦巴瓦峰（海拔7782米）做了一个马蹄形大拐弯的奇特峡谷。大峡谷位于雅鲁藏布江大拐弯处的南迦巴瓦峰附近。峡谷长达504.6千米，最深处为6009米，峡谷底部河床宽度仅为35米。

世界上再没有哪个峡谷比雅鲁藏布江大峡谷更长、更深，也没有哪个地方比它更丰富多彩、气象万千。雅鲁藏布江大峡谷独特的地理环境和气候，使这里成了中国具有最完整山地垂直植被带谱的唯一山区。它把雪峰、冰川、草原、森林收于一圈，既有亚马孙河的湿润和神秘，又不失喜马拉雅的险峻和寒冷。在这独特的亚热带山地生态系统中，生存繁衍着复杂而丰富的植被类型和动植物区系。

雅鲁藏布江大峡谷的种种地理特征都远远超过原认为世界之最的美国科罗拉多大峡谷、秘鲁的科尔卡峡谷和尼泊尔的喀利根得格峡谷。

世外桃源——香格里拉

由于雅鲁藏布江大峡谷地区位置险峻，充满了人们很难跨越的屏障和鸿沟，从而成为了远离现代社会的“世外桃源”，至今少有人涉足。这里的门巴人、珞巴人、夏尔巴人都是住在“上山到云间，下山到河边，说话听得见，走路得一天”的高山峡谷之中。由于与外界隔绝，他们仍维持独特的生产方式和风俗，他们的宗教信仰与藏族同胞相似，使用藏文，有专门的膜拜场地，村子四周常有经幡。他们一般都没有记年月日的习惯，甚至都没有人能说出自己确切的岁数。

20世纪30年代，英国人詹姆斯·希尔顿写了一部小说《失去的地平线》，里面提到一个与世隔绝的世外桃源，那里雪山环抱，民风淳朴，他把这个地方称为“香格里拉”，但“香格里拉”的原型到底在什么地方，他并没有详述。

近年，印度、尼泊尔等国都宣称在自己的国家找到了“香格里拉”。而大峡谷中的丙中洛人也提供了足够的证据证明这里才是传说中

⊙ 雅鲁藏布江大拐弯

⊙ 雅鲁藏布江大峡谷

的香格里拉。不管丙中洛到底是不是传说中的香格里拉，它都是一个美丽迷人的地方。

水汽通道

雅鲁藏布大峡谷是青藏高原最大的水汽通道，也是世界上因地形而产生气流运移的最大通道。水汽通道的存在不仅造就了雅鲁藏布江流域的特殊降水分布，而且造就了藏东南的特殊的海洋性气候环境。大峡谷的水汽通道逆江西行，滋润了中游的山南地区。藏民族的起源、吐蕃王朝的兴起、雅砻文化的建立和发展等，从根本上都与水汽通道的影响作用有关。

⊙ 雅鲁藏布江大拐弯

探险者的乐园
——撒哈拉大沙漠

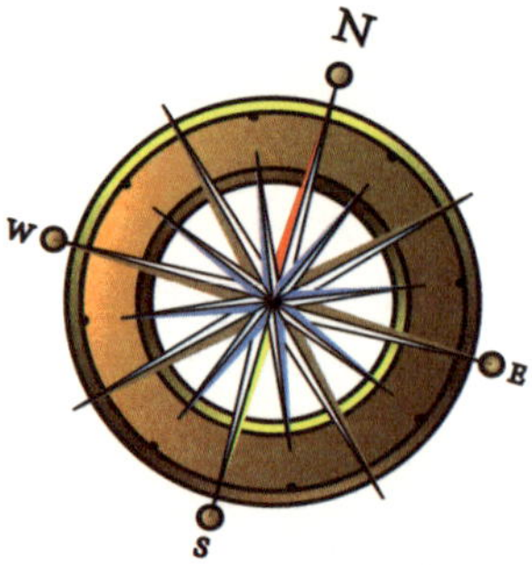

★必去理由 50～60℃的高温和一望无际的不毛之地，使到过这个地方的人都无愧于“征服者”的称号 ★适宜季节 除了短暂的雨季，其他时间均可 ★适宜人群 不怕面对最严酷自然的探险者

无际的黄沙上有寂寞的大风呜咽地吹过，
天，是高的，地是沉厚雄壮而安静的。
正是黄昏，落日将沙漠染成鲜红的血色，凄艳恐怖。
——三毛

这一代人中，对撒哈拉最深刻的印象大都是来自于三毛和她《撒哈拉的故事》。这个看似柔弱的东方女子，在她朴实清丽的文笔描绘下，烈日和黄沙之地都有着一种诗意的苍凉。在那漫天的黄沙中，三毛将千千万万个女人可望而不可即的浪漫，发挥到了极致。

这个世界上最大的沙漠位于非洲的北部，西起大西洋，东至尼罗河，向南延伸到苏丹境内，面积超过900万平方千米，约占整个非洲大陆的32%。在当地人的语言中，撒哈拉的意思就是大沙漠。这除去地球南北两极，撒哈拉可称为是世界上生存条件最严酷的地方。这个上帝遗弃之地，全年平均气温超过30℃，最热的几个月气温经常在50℃以上。在戈壁黄沙之中时时有飓风掀起，卷起阵阵沙暴。但是，虽然它那强烈的沙暴、令人窒息的高温和种种恶劣的自然环境令人却步，但是，浩瀚的撒哈拉，它的名字就意味着一种魔力，那独特的沙漠风光和不同的生活方式，一直吸引着有勇气、有梦想的人们前往。撒哈拉之旅，寻梦之旅。

在这片广袤的大地上，漫漫黄沙无边。从高处看，无数的沙丘连绵起伏，弯弯如新月，不断地绵延开去。一色的单调景色，没有边际，没有变化。这里的景色和地球其他任何地方都不相同，造物的神奇似乎全在此处了。戈壁之上有牵着骆驼的商人或是旅人，在烈日下低着头，一

⊙ 撒哈拉大沙漠上的骆驼队

步一步坚忍地走着，这一幕定格在撒哈拉的大背景上，就像无数次在梦中见到过的一样。

沙漠的边缘散落着小小的镇子，很小，中心有些平顶的白房子，边缘那一圈就像是窝棚。这么荒凉的地方还是一样有着贫富的差别。路上的人不多，没有谁出门专为了散步的。朔风吹起，漫卷着黄沙，打在人家的门上，就像是《新龙门客栈》的北非版。

撒哈拉却是一个真正无关风月的地方。一切的浮华和喧嚣在恶劣的自然环境中都会烟消云散，在这里，只有一个概念，那就是生存。在这里，当一切都成为可望而不可求的时候，你会发现，其实，人的要求是多么简单，只要有一口清泉可以润喉，一块面饼可以果腹，一片布料可以蔽体。其他的，既然不可企望，便是多余。难怪有人说，如果能在茫茫沙海中发现一片绿洲，那一定是上天给予人最大的赠与。在这里，你的所有不是自动放弃了，而是被撒哈拉剥夺，当一切想念都是虚妄时，在你心里只留下了最真粹的东西，活下去，这就是撒哈拉的规则。

在撒哈拉生活的每一刻，都会有这样的感觉。在物质如此匮乏的地方，平常那些唾手可得的东西，都会显得如此的珍贵。记得在沙漠中“悬壶济世”的三毛，她的指甲油，也成了邻居们修补牙齿的上好材

撒哈拉的奇迹

古代的撒哈拉并非黄沙一片，而是一片草原，植物非常茂盛，飞禽走兽出没其间，当地居民从事放牧业。人类的文明留下了痕迹。他们的绘画和雕刻至今仍能在洞穴中看到。

1850年，德国探险家因里希·巴思在撒哈拉的塔西亚高原发现，当地沙岩的表面满是野牛、驼鸟和人的画像。后来人们又陆续发现了更多的岩画，成画时间约在公元前6000年到公元前1000年。这些画面表现了人们当时的生活情景，还有大象、犀牛、长颈鹿、驼鸟等现在只能在撒哈拉以南的草原上才能找到的动物。

1956年，法国探险队在这里发现了大约1万件壁画，并于1957年将总面积合10780平方米的壁画复制品及照片带回巴黎，这一发现轰动了世界。

料。撒哈拉地区的居民都十分贫困，尤其是住在沙漠边缘的黑人居民，住在破毡片的窝棚里，饲养着不多的几只牛羊，挣扎在那一条看不见的线上，与现代文明无关的。而我们这一些衣食无忧的“闲人”，却要耗费精力千里迢迢地奔过去体验最原初的生活。一时间就明白，不用再去怨天尤人，生活给我们的，已经太多太多。

对于流浪的人来说，撒哈拉也许是一个最好的终点，追寻了许久的答案，或许就正在这里发现了。撒哈拉自顾自安然而真实地存在着，并不为人类有所改变，千百年以来，千百年以后。这种真实而残酷的超脱，仿佛便是造物本人，冷眼看着世间的悲欢离合，喜怒哀乐。人类原本就不必把自己看得太过伟大的，茫茫的戈壁如海，人类渺小得犹如一颗沙粒。

镌刻在生命里的神秘
——罗布泊

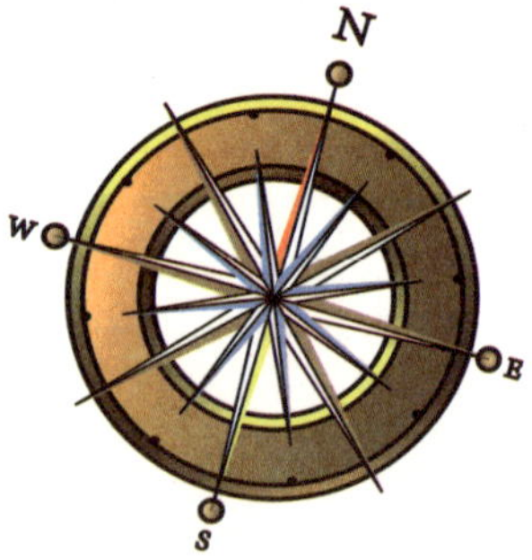

★必去理由 神秘传奇的地方，亚洲大陆的“魔鬼三角区”，古丝绸之路的必经之地

★适宜季节 10月～次年3月 ★适宜人群 追求极限、热爱自然探秘的人

新疆值得探险和挑战的地方有很多，深邃空寂的大峡谷，广袤萧瑟的大陆边缘区，苍莽昆仑的戈壁腹地，每一处都有自己独特的魅力和风姿。然而综合自然风光、地理地貌以及历史文化种种要素，最令人神往和亢奋的还当属罗布泊无人区。走进这个寂寞得如同隔世荒涯的地域，于残阳暮色中、寂寥黄沙中，你会真切地感觉到这个荒芜之域有种说不出的神秘魔力。

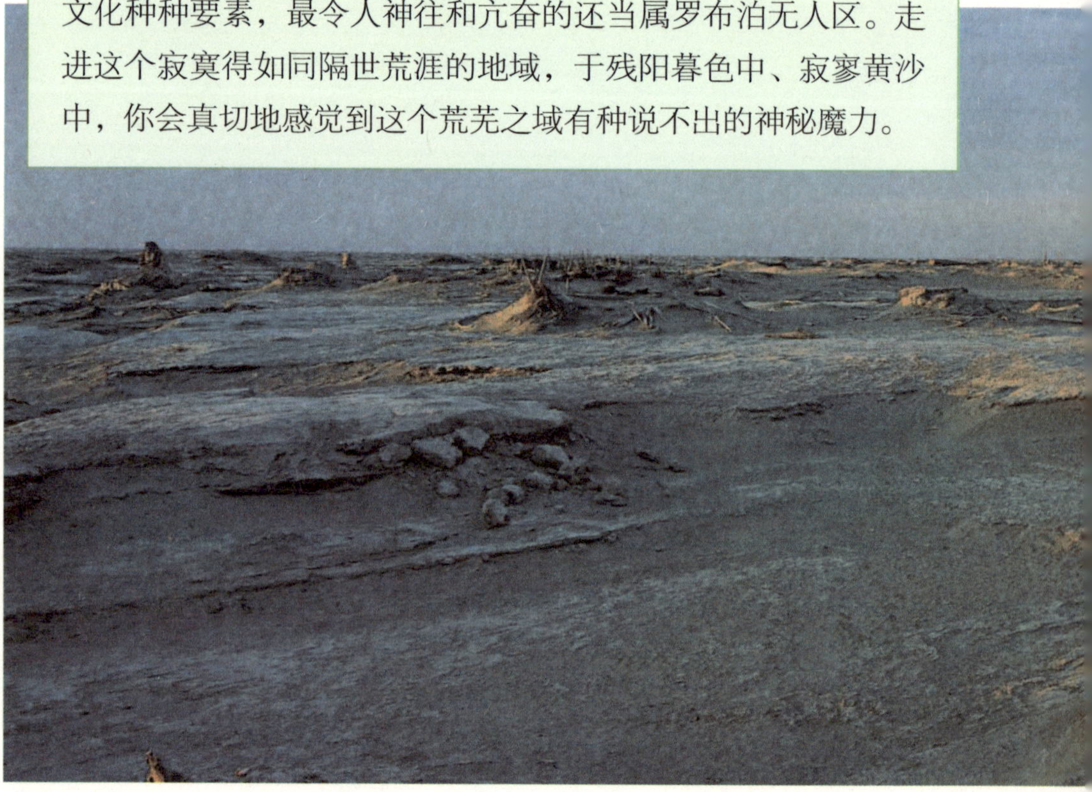

逝去的罗布泊

初听罗布泊的名字，就觉得很有意思，很有异域的风情。以前在书上读到新疆罗布泊之谜，总觉得很不可思议——一个大大的真实无比的湖泊，一个原本有着丰富的湖水和各式鱼种的湖泊，怎么可能突然之间就消失了，再也找不到它的踪影了呢？说没就没，那么彻底，那么干净，甚至找不到一丝线索和预兆。这简直太天方夜谭了吧！因为觉得这是不可置信的，所以把它当个《一千零一夜》的故事听听便罢，感觉实在离自己很遥远，就像许多稀奇古怪的书上那些杜撰出来的稀奇古怪的故事，不能真当一回事。然而真的到了新疆，亲身站在这片古老而神秘的土地上，呼吸着周围苍凉的充满诡秘气息的空气，感受着千万年前

的异域文明烙在这里的种种印记，并且听过了太多这片土地上的今日往昔，忽然之间，就会觉得所有的传奇故事都是可能的了。恍惚中，一切虚幻都化为真实，而真实也似乎虚幻起来。虚虚实实，难以言述，不知道这是不是新疆的另一独特魅力？其实回首想想，人类自直立行走进化至今，曾经有过多少次的抗争和屈服，多少次的无奈与挣扎，多少曾经矫健无比、英勇善战的部落和人种，打败了无数的敌手、征服了辽阔无垠的疆土，不也是没有征服神威的大自然，终究是消失于永恒的历史长河之中了吗？何况一个小小的水泊呢？谁知道当年的大自然又是遇到了什么事情，怎样喜怒无常地将这个小小的湖泊玩弄于股掌之间，终是将它彻底毁灭了呢？

资料上记载：20世纪50年代的时候，还有人在罗布泊中见到过身长5米的大鱼乘风破浪；再上溯到瑞典人斯文赫定中亚探险时代，他竟然可以率领他的船队从沙漠边缘的库尔勒出发，沿孔雀河一路到达罗布泊的水中央。不过，放眼今天的罗布泊，早已不复有往昔的波光流转、激情荡漾，甚至都找不到曾经辉煌灿烂过的一丝踪影，不过是一片风暴肆虐过的荒凉和悲凄，一片核爆后的惨白而暗淡的天空，在西部这个边陲一隅低低地悲泣，只剩下岸沙上那一艘艘底儿朝上的船，那是记载着曾经那份辉煌的墓碑。

罗布泊的后代

在这里，尚在的罗布老人，据说曾经在那个湖泊里捕过无数银色的鲜活蹦跳的鱼，只是今日早已物是人非，曾经的乐土已是荒芜一片，而老人也已皱纹堆垒，连咀嚼鱼肉的力气都没有了。

这里的村民对湖有种很实在的叫法，叫做“水汪子”。水汪子里还产一种个头很大的鱼，只有在清明祭祀的时候才被端上祭台，供奉祖先，平时人们很少会去伤害它。村子里有那种在外面跑生活的人，如果带了女人回来，不可缺少的一件事就是到湖边去洗个澡，感受一下草木幽深，河风飒飒，感受一下这个算得上是村里图腾的湖泊，似乎这样洗礼才能预示着她被真正接纳到了这块乡土上。

村里人从来没有想到有一天它会莫名其妙地失踪了。可是就是这样的，这个日日相伴的湖真的就悄悄地消失了，无影无踪、无痕无迹，像是一个梦。

有一个早已经习惯了每天捕鱼的老爷爷，满怀自豪、惆怅和伤感地描述了往昔捕鱼的种种快乐。老人说，捕鱼最简单的是粘网，把网架在湖的角落处，人在树下悠闲地抽烟，只等鱼自己撞网就行。另外还有旋网，人站在岸上，两臂一轮，鱼网铺天扯地打着水，一网打尽，但是这样子很耗费体力，比较适合年轻人做。上了年纪的人一般都是抄网。拿一根棍子，扎着一块纱布，然后就可以搬个马扎儿坐在石头坝上，不紧不慢地抄水，一天下来，大鱼小鱼虾米，可以有一笔不小的收获。

无论如何，正如没人能否认罗布人是罗布泊的后代一样，也没有人能够否认，这里这些淳朴又善良的人们都是地道的水汪子的后代。那个已经消失的水汪子，已经镌刻在人们的生命里了。

Yazoo City
Bastrop
Canton
Monroe
Forest
Vicksburg
Jackson
MISSISSIP
Magee
Brookhaven
Monticello
Collins
Natchez
Columbia
McComb
exandria
Bunkie
Bogalusa
Hammond
Opelousas
Baton Rouge
Slidell
Picayune
Lafayette
New Iberia
Kenner
New Orlean
Metairie
Chalmette
Franklin
Morgan City
Houma
Marsh I